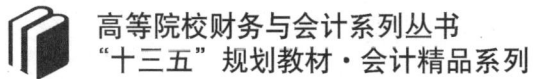

高等院校财务与会计系列丛书
"十三五"规划教材·会计精品系列

财务建模实验教程
——EXCEL 在财务管理中的经典应用

主 编○周 炜 宋晓满
副主编○孙建良 何德宏 付 兵

立信会计 出版社
LIXIN ACCOUNTING PUBLISHING HOUSE

图书在版编目(CIP)数据

财务建模实验教程:EXCEL在财务管理中的经典应用/周炜,宋晓满主编. —上海:立信会计出版社,2017.5

"十三五"规划教材. 会计精品系列

ISBN 978 - 7 - 5429 - 5411 - 4

Ⅰ.①财… Ⅱ.①周… ②宋… Ⅲ.①表处理软件—应用—财务管理—高等学校—教材 Ⅳ.①F275-39

中国版本图书馆CIP数据核字(2017)第055469号

策划编辑　方士华　孙　勇

责任编辑　方士华

封面设计　南房间

财务建模实验教程——EXCEL在财务管理中的经典应用

出版发行	立信会计出版社			
地　　址	上海市中山西路2230号	邮政编码	200235	
电　　话	(021)64411389	传　　真	(021)64411325	
网　　址	www.lixinaph.com	电子邮箱	lxaph@sh163.net	
网上书店	www.shlx.net	电　　话	(021)64411071	
经　　销	各地新华书店			

印　　刷	上海天地海设计印刷有限公司	
开　　本	787毫米×1092毫米	1/16
印　　张	12.75	
字　　数	184千字	
版　　次	2017年5月第1版	
印　　次	2017年5月第1次	
印　　数	1—3 100	
书　　号	ISBN 978 - 7 - 5429 - 5411 - 4/F	
定　　价	30.00元	

如有印订差错,请与本社联系调换

前　言

　　财务决策过程中如何建立决策模型和处理大量的数据一直是令财务管理人员头痛的问题。20世纪80年代以来,随着微软Excel软件的不断发展和普及,财务管理研究和实践领域运用Excel软件来完成财务决策建模和数据处理的做法越来越普遍。从高校财务管理专业人才培养的角度来看,传统的财务管理课程教学主要侧重对财务管理理论和各类财务管理问题决策方法的介绍,虽然教授了学生各种决策方法,但未能结合计算机进行应用。同时,为控制学生负担,要求学生完成的练习一般都较为简单,与现实问题的复杂程度存在较大差距,学生接受的训练难以满足解决现实问题和踏上工作岗位后进行财务分析决策的实际需要。因此,对财务管理专业的学生开设学习运用Excel软件进行财务建模和决策的课程就显得十分重要,已经工作的财务人员也很需要这方面的专门训练。本教程适用于高校财务管理实践类课程教学,也适合在职财务工作人员培训、自学时作为参考使用。

　　本教程的内容包括实验指导(上篇)和实验练习(下篇)两个部分。实验指导部分包括Excel基础实验(第1章)、财务建模实验(第2至第6章)、财务建模案例(第7章)三个板块。Excel基础实验板块主要是对财务管理领域常用的Excel工具和方法的介绍,如模拟运算表、单变量求解等;财务建模实验板块依据财务管理课程内容分为投资决策、证券评价、筹资决策、营运资金管理、股利分配决策等部分;财务建模案例则选择几个应用实例提供运用Excel财务建模的综合训练。实验练习部分与实验指导部分相对应,提供与实验指导部分数量近似的实验练习题和相关素材,供学生训练和练习直接使用。

　　相对同类教材,本教程有以下三点特色:

　　(1) 实验紧密结合高校财务管理课程内容体系,非常适宜作为高校财务管理实践类课程教材,能够实现财务管理实践课程和理论课程的紧密衔接。

（2）教程同时附有实验练习题，为教师教学提供了便利。

（3）教程增加了若干现实案例，增强了实验教学的实战性和应用性。

本书配套的 Excel 电子文档，读者可通过扫描前言部分所附的二维码获得，也可以向任课教师索取。

为方便教师教学，本书还提供了实验练习部分的习题答案，任课教师可通过发邮件至 pastwater11@163.com 索取。

本书由周炜、宋晓满担任主编，由孙建良、何德宏、付兵担任副主编。全书编写分工如下：周炜撰写第 1 章；宋晓满、徐勤撰写第 2 章、第 3 章；孙建良、付兵撰写第 4 章、第 5 章；周炜、何德宏撰写第 6 章；周炜、宋晓满撰写第 7 章；何德宏、张延洁撰写第 8 至第 13 章。全书由宋晓满进行修改，最后由周炜进行总纂。

在编写本教程的过程中，我们参考了其他相关书籍和资料，在此表示感谢！

虽然作者尽了最大的努力，但由于自身水平所限，难免有不足之处，恳请读者批评指正。

编者

2017 年 5 月

财务建模实验教程
上篇例题Excel表格

财务建模实验教程
下篇实验练习部分
Excel表格

目　录

上 篇

财务建模实验指导

第1章

Excel 概 述

实 验 1.1　数 据 的 输 入

一、实验目的

1. 掌握手工输入数据的常用技巧(单元格格式、有效性、条件格式);
2. 掌握有规律数据的自动生成;
3. 掌握从网页获取数据的方法。

二、实验原理

Microsoft Excel 是微软公司的办公软件 Microsoft office 的组件之一,它可以进行各种数据的处理、统计分析和辅助决策操作,广泛地应用于管理、统计、财务和金融等众多领域。1985 年,第一款 Excel 软件诞生,历经多个版本,目前最新版本为 Excel 2016,可与 Windows 10、Windows 8.1 和 Windows 7 兼容。

　　Excel 处理的每一个文件就是一个工作簿,每个工作簿由若干张工作表组成,工作簿中的工作表个数受可用内存的限制(默认值为 1 个工作表)。每张工作表通过窗口底部的工作表标签进行标识,每个工作表的标签名字都可以更改为用户自定义的名字。每张工作表由 1 048 576 行 16 384 列组成,即每张工作表有 1 048 576×16 384 个单元格,每个单元格中可接受和保存数值、文本和公式类型的数据。

在单元格中输入数据的方式有 4 种:第一种输入方式是手工输入,这种方式适用于初次建立原始数据,为保证输入的正确性和易于辨别,可对单元格的数据类型、格式和有效性等进行设定;第二种输入方式是利用填充柄的自动生成功能快速建立有规律的数据序列;第三种方式是从其他兼容的数据库导入数据;第四种方式则是将互联网网页上的数据直接导入 Excel 工作表中。

三、实验资料

(1) 按图 1.1.1 所示输入相应数据,必要时使用填充柄的自动生成功能。其中,计划生产数量和实际生产数量只能为整数,实际生产数量低于 6 000 件时用红色字体显示,不低于 6 000 件时用蓝色字体显示,请完成相应的有效性和格式设置。

	A	B	C	D
1	生产日期	计划生产数量	实际生产数量	单价
2	2011年1月10日	6000	5880	¥4.50
3	2011年1月11日	6000	6200	¥4.50
4	2011年1月12日	6000	5750	¥4.50
5	2011年1月13日	6000	6150	¥4.50

图 1.1.1　原始数据

(2) 年报数据。请从网页地址 http://data. eastmoney. com/bbsj/201312. html 上导入“上市公司 2013 年年报数据报表。”

四、实验指导

(一)手工输入和自动生成数据

1. 输入数据

打开“实验 1.1”工作簿的“数据输入”工作表,在相应单元格输入原始数据,其中 A3:A5,B3:B5,D3:D5 单元格中的数据使用填充柄自动生成功能输入。以"生产日期"的输入为例:先在 A2 单元格中输入"2016-12-10",按回车确认后显示为"2016/12/10"。选中 A2 单元格。选择菜单栏"开始"选项卡,进入快速功能区,单击数字选项框的数字格式选项,选择"长日期"(见图1.1.2a),使数据输入变为"2016 年 12 月 10 日";或者选中 A2 单元格单击鼠标右键,进入"设置单元格格式"子菜单,在"数字"的"分类"项中选择"日期","类型"选择"2012 年 3 月 14 日",点"确定"按钮确认(见图 1.1.2b),完成单元格格式设定。

移动鼠标至 A2 单元格右下角,当出现黑色"十"字形填充柄时,单击左键并一直下拉到 A5 单元格后放开,A3:A5 单元格的生产日期自动生成。应用同样的方法完成其他单元格的数字格式设定和数据输入。填充完成后,被填充序列右下角出现 图形,单击可选择数字填充方式。

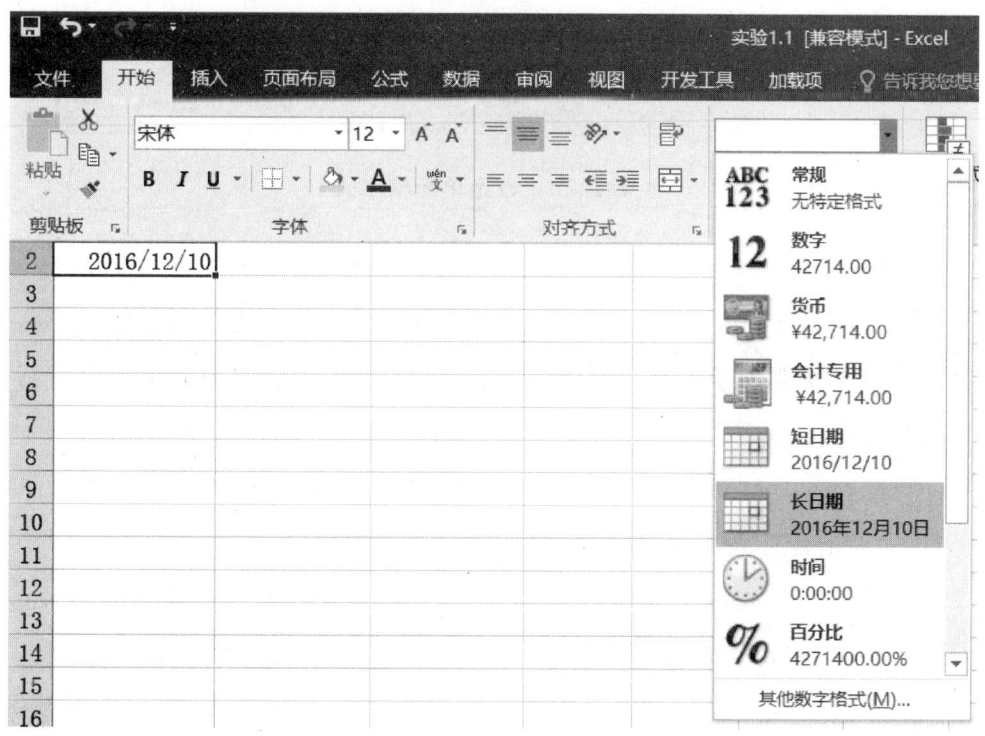

图 1.1.2a　在功能区设定单元格格式

图 1.1.2b　设定单元格格式

2. 设置有效性

假设生产能力受限,该企业的实际产量只能是整数,不可能为负数且不可能超过 7 500 件,为避免手工输入错误,可以对实际生产数量的相应单元格进行数据有效性设定。选择 C2:C5 单元格,单击"数据"选项卡,选择"数据验证——数据验证",按照图 1.1.3a 和图 1.1.3b 所示内容完成数据有效性的设定。

3. 设置条件格式

若需要对不足或达到和超过计划生产数量的实际生产数量区别显示,以方便查阅,可以对单元格设置条件格式。选择 C2:C5 单元格,选择"开始——样式——条件格式——突出显示单元格规则——小于"对实际生产不足 6 000 件的单元格进行设定(见图 1.1.4a);再通过"条件格式——突出显示单元格规则——其他规则"设置达到和超过计划生产数量的单元格的格式:先在文本框

中输入"6000"，再单击"格式"按钮将颜色设定为蓝色。具体操作如图 1.1.4b 和图 1.1.4c 所示。

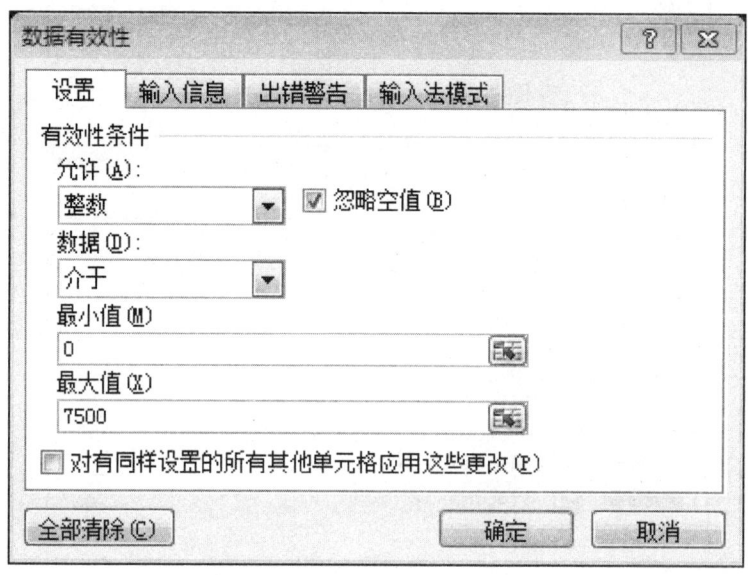

图 1.1.3a　设置数据有效性

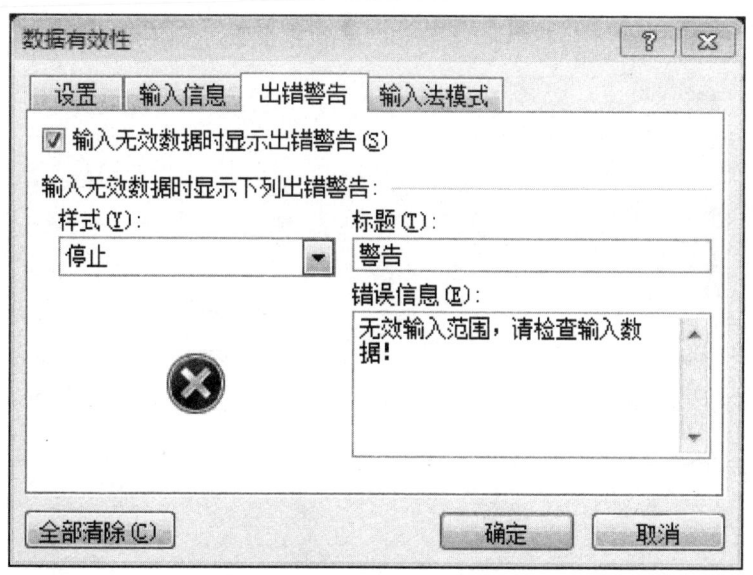

图 1.1.3b　设置数据有效性

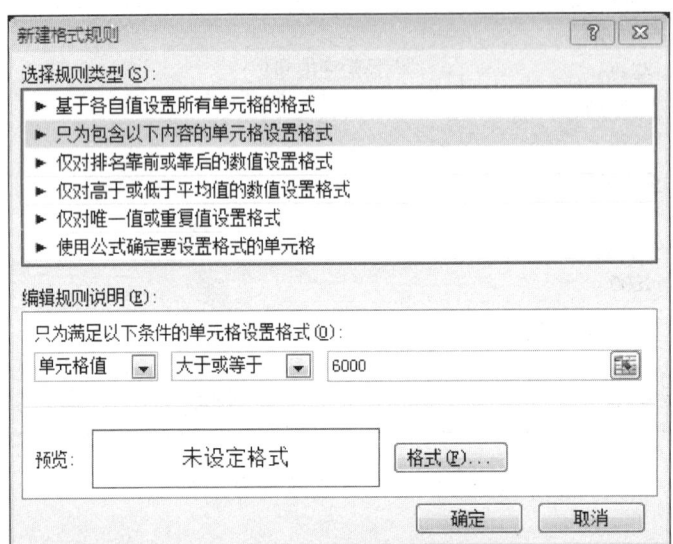

图 1.1.4a　设置条件格式

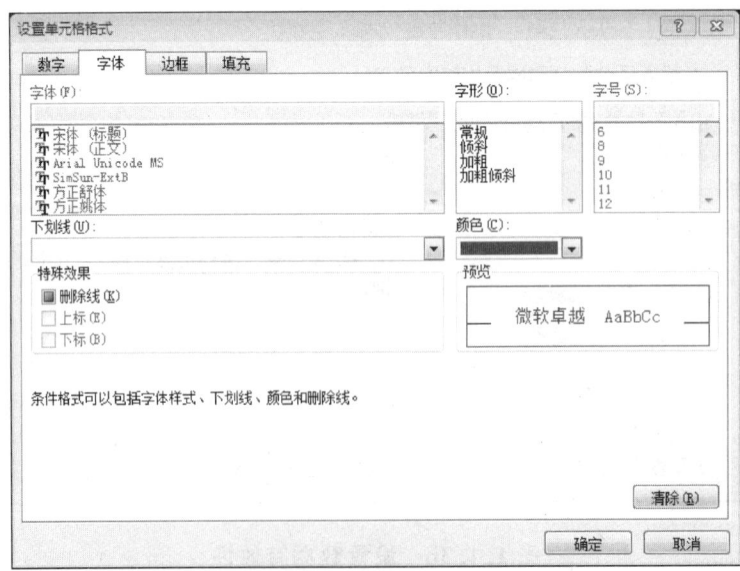

图 1.1.4b　设置条件格式

图 1.1.4c　设置条件格式

（二）从网页导入数据

（1）打开"实验 1.1"工作簿的"数据导入"工作表，选择"数据——获取外部数据——自网站"，按图 1.1.5 在地址栏中输入网页地址 http://data.east-money.com/bbsj/201312.html，点击"转到"按钮。单击欲导入表格左上角的黄底黑色箭头使其变为"√"符号，然后单击右下角"导入"按钮，选择存储数据工作表的位置即可完成导入。

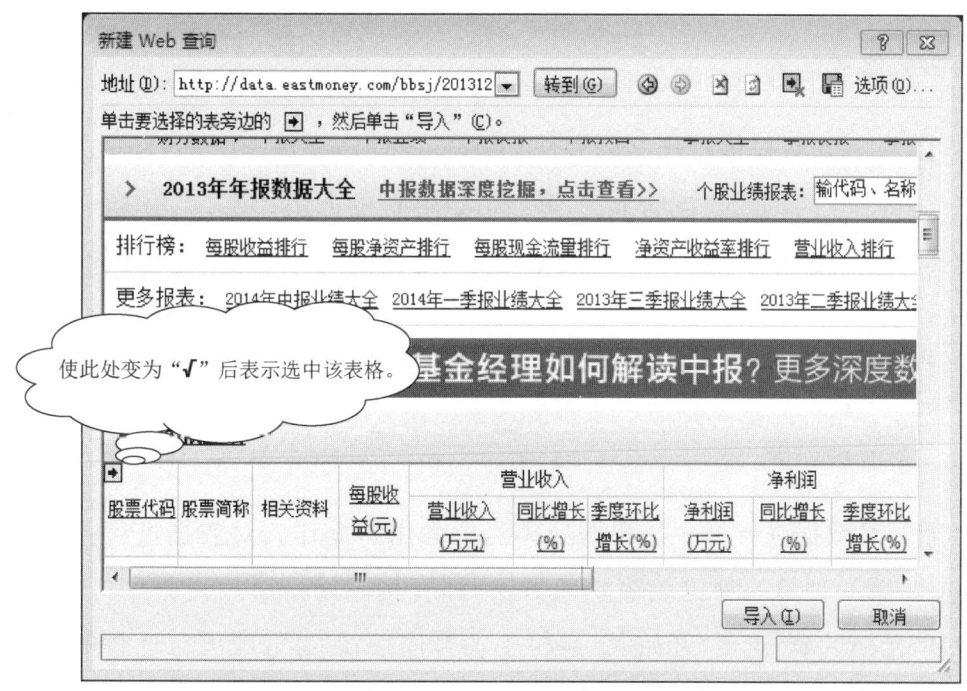

图 1.1.5　从网页导入数据

（2）在数据区域点击鼠标右键可对数据进行"编辑查询""数据更新"等操作，需要注意的是，一旦进行"数据更新"操作，导入的数据将随着网页数据的更新而改变。

五、实验结论

对于具有规律性的数据，可以利用填充柄填充快速输入，提高效率；为提高输入数据的正确性和保证数据的有效性，可以用单元格数据的有效性设定功能来限制输入数据；条件格式的应用可以使数据显示更为清晰；对于来源于网页上的数据，利用数据导入功能可以快速实现从互联网获得数据，避免手工输入误差。

实验 1.2　数 据 的 处 理

一、实验目的

1. 掌握对数据进行排序的方法和技巧；

2. 掌握对数据的"自动筛选"和"高级筛选"的方法；

3. 掌握在公式计算中对单元格进行"绝对引用"和"相对引用"的区别和用法；

4. 掌握对单元格、单元格区域和常量命名的方法。

二、实验原理

（1）对数据进行排序是数据处理当中常用的操作。对数据进行排序有两种方法，第一种是一种比较简单的方法，即直接利用排序按钮排序；选择要排序的单元格区域，点击"开始"工具栏上的排序按钮""，即可对选择的区域进行升序或降序排列。第二种方法是使用排序命令；首先选中整个数据区域（标题行除外），执行"数据——排序"命令，打开"排序"对话框，在"主要关键字""次要关键字""第三关键字"中选择标题，选择要排序的次序，可实现多字段的排序。

（2）筛选可以快速实现在区域中查找和处理数据子集。数据的筛选操作分为"自动筛选"和"高级筛选"。"自动筛选"可实现条件简单的筛选，"高级筛选"则可以通过设定条件区域的条件，实现条件复杂的数据筛选，如实现对不同变量筛选条件进行"并且""或者"等组合条件的筛选。

（3）在利用公式复制的方法快捷实现相似计算处理时，正确引用单元格是实现正确运算的前提。根据在复制公式时公式引用的单元格是否也相应调整到新位置,引用分为相对引用和绝对引用。对单元格进行相对引用时,在复制公式时,单元格引用会调整到新位置。对单元格中进行绝对引用时,在指定位置引用单元格,在复制公式时,单元格引用位置不会改变。

（4）由于公式中引用的单元格都是以"A1""C8"这样的行列标志表示,在检查和了解公式的含义时不够直观,在 Excel 中提供命名的功能,能够将单元格、单元格区域、公式或常量值用单词或字符串来表示,这样可以大大提高公式的直观性,便于理解和运用。例如,某企业在使用 Excel 工作表计算分析的过程中,多次使用变量"增值税税率＝0.17",如果公式中直接使用 0.17 就不容易让使用的人了解这是增值税税率,这时可使用"定义名称"对话框,在"当前工作簿中的名称中"输入"增值税税率",引用位置中输入 0.17,确定结束,完成对常量增值税税率的定义,这样公式中就可以用"增值税税率"代替"0.17",从而提高直观性。

三、实验资料

（1）打开"实验 1.2"工作簿,选择"排序"工作表。①使用排序按钮对数据按"每股现金流量"从高到低排序;②对所有数据使用排序功能分别以"每股收益""每股净资产""净资产收益率"作为主、次、第三关键词按降序排序。

（2）打开"实验 1.2"工作簿,选择"筛选"工作表。①用"自动筛选"功能筛选出每股收益大于 0.50 元的股票,然后恢复原状;②使用"高级筛选"功能筛选出每股收益大于 0.50 元,并且每股净资产大于 2 元,或者净资产收益率大于 10％的股票。

（3）打开"实验 1.2"工作簿,选择"引用"工作表。计算每种产品的销售额和所有产品的销售额合计数额,然后计算每种产品销售额占总销售额的百分比,在公示中使用相对引用和绝对引用,并用填充柄完成公式复制。

（4）打开"实验 1.2"工作簿,选择"名称"工作表。将 B、C、D 三列数据的名称指定为第一行,即"数量""单价""销售额",并定义常量"增值税税率"的值为 0.17,然后利用公式"销售额＝数量＊单价""增值税（销项）＝销售额＊增值税税率"分别计算"销售额"和"增值税（销项）"的数额。

四、实验指导

(一) 排序

(1) 打开"实验 1.2"工作簿,选择"排序"工作表。选中 H 列,选择"数据",点击"开始"工具栏上的排序按钮"$_{Z}^{A}\downarrow$",在弹出的"排序提醒"对话框(见图 1.2.1)中选择默认的"扩展选定区域"选项(否则将仅对 H 列数值排序),点击"排序"按钮确认,实现数据按"每股现金流量"从高到低的排序。

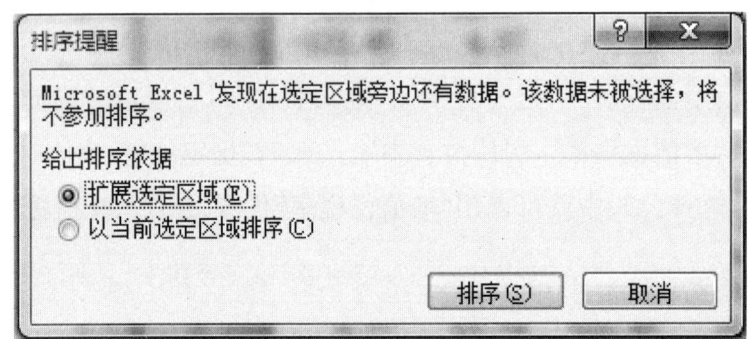

图 1.2.1　排序提醒对话框

(2) 选中数据区域的任一单元格,选择"数据——排序",出现排序对话框,按图 1.2.2 所示依次添加条件,以"每股收益""每股净资产""净资产收益率"

图 1.2.2　排序对话框

作为主要、次要关键词,然后选择其余选项后按"确定"按钮,完成排序。

(二) 筛选

(1) 打开"实验1.2"工作簿,选择"筛选"工作表。选中数据区域A1:N64,选择"数据——筛选",各列第一行单元格右侧出现下拉箭头,点击"每股收益"边的下拉箭头,选择"数字筛选——自定义筛选",出现"自定义自动筛选方式"对话框(见图1.2.3),选择条件为"大于",后面输入"0.50",然后确定即可完成对每股收益大于0.50元的股票的筛选。

图1.2.3 自定义自动筛选对话框

(2) 复制第一行各列名称到第66行,按图1.2.4输入条件区域,条件设定的规则是:不同变量的条件位于同一行,代表"并";条件不同行代表"或"。选中数据区域A1:N64,然后选择"数据——筛选——高级",使用"高级筛选"功能,注意,"方式"选项最好选择"将筛选结果复制到其他位置"选项,否则,筛选结果会覆盖原数据,然后确定,即可筛选出每股收益大于0.50元,并且每股净资产大于2元,或者净资产收益率大于10%的股票。具体操作如图1.2.5所示。

	序号	股票代码	股票简称	相关资料	每股收益(元)	季度收益环比增长环比增长	每股净资产(元)	每股现金流量(元)	净资产收益率(%)
66									
67					>0.5		>2		
68									>10

图1.2.4 条件区域的输入

图 1.2.5　高级筛选对话框

（三）引用

（1）打开"实验 1.2"工作簿,选择"引用"工作表。在 D2 单元格中输入公式"＝B2＊C2"后确认,其中的单元格均为相对引用,再利用填充柄功能计算 D3:D5 的数值,得到每种产品的销售额,然后在 D6 中计算 D2:D5 的合计数。

（2）在 E2 中输入公式"＝D2/＄D＄6"(在公式输入过程中出现"D6"时,直接按"F4"即可将"D6"变为"＄D＄6",当然手工输入"＄"也是可以的)后确认,其中 D2 为相对引用,＄D＄6 为绝对引用,再利用填充柄功能计算 E3:E6 的数值,在计算时,分子是相对引用,引用单元格会随着位置变化而变化,而分母是绝对引用,一直是引用 D6 单元格的数值,这样即可得到每种产品销售额和所有销售额占总销售额的百分比。

（四）名称

（1）打开"实验 1.2"工作簿,选择"名称"工作表。选择 B2:D7,选择"公式——名称管理器——根据所选内容创建",在弹出的"以选定区域创建名称"对话框(见图 1.2.6)中选择名称创建于"首行",完成指定这三列的名称为第一行,即"数量""单价""销售额"。

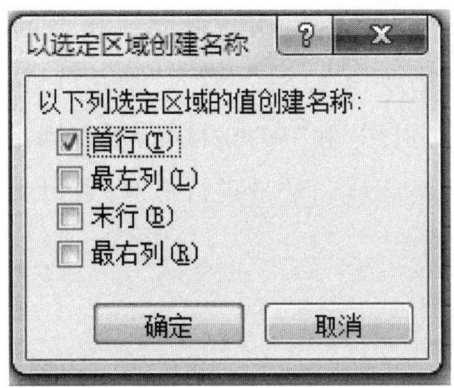

图1.2.6　以选定区域创建名称对话框

（2）选择"公式——名称管理器——定义名称"，按图 1.2.7 输入相应内容，定义常量"增值税税率"的值为 0.17，点击确定完成设置。

图 1.2.7　定义名称对话框

（3）在 D2 中输入公式"＝数量＊单价"，在 E2 中输入公式"＝销售额＊增值税税率"，分别计算"销售额"和"增值税（销项）"的数额，利用填充柄完成 D3：E7 单元格的计算。

五、实验结论

简单排序可以实现对数据一个字段的排序，排序命令则可实现最多三个

字段的排序;"自动筛选"能够实现对单个关键字按设定条件筛选,"高级筛选"则可以实现对多个关键字按照"并且""或者"的条件进行筛选;在公式计算中通过对单元格进行"绝对引用"和"相对引用",可以满足公式复制使用时的特殊要求;对单元格、单元格区域和常量进行命名,可以大大提高公式的直观程度,便于公式的阅读和检查。

实验 1.3　Excel 分析工具

一、实验目的

1. 掌握方案管理器的使用方法;
2. 掌握模拟运算表的使用方法;
3. 掌握单变量求解的使用方法;
4. 掌握规划求解的使用方法。

二、实验原理

(一) 方案管理器

在财务分析决策的过程中,经常会遇到多种方案备选的情况,分别计算每一种方案费时费力,Excel 提供了"方案"管理功能,可以利用 Excel 的方案管理器在不同的结果间进行切换,以对比和评价各方案之间的差异。方案是 Excel 保存在工作表中并可进行自动替换的一组值。您可以使用方案来预测工作表模型的输出结果。同时还可以在工作表中创建并保存不同的数值组,然后切换到其中任意一个新方案以查看不同的结果。

(二) 模拟运算表

敏感性分析是财务决策中常用的方法,用于研究某一变量变化对决策结果的影响情况。Excel 提供的模拟运算表是一个非常理想的敏感性分析工具,可以方便地实现单变量和双变量的敏感性分析,广泛应用于财务管理的敏感性分析领域。

(三) 单变量求解

在财务决策过程中,经常会遇到已经利用一个初始输入变量计算出相应结果,但是希望反过来获知为了达到某一个目标结果初始输入变量应该是多少的情况。对这种已知单个公式的预期结果,而用于确定此公式结果的输入值未知的情况,可使用"单变量求解"功能来倒过来求得输入值,即可以通过改变公式的某一个变量值,求出其他参数变量。当进行单变量求解时,Excel 会不断改变特定单元格中的值,直到依赖于此单元格的公式返回所需的结果为止。

(四) 规划求解

在财务决策过程中,经常会遇到需要求最优解(通常是最大值或最小值)的情况,这在手工计算中往往要采用求解一阶导数为 0 求得极值的方法,计算相当复杂,Excel 提供了计算极值的工具,即"规划求解"工具。借助"规划求解",可求得工作表上某个单元格(被称为目标单元格)中公式的最优值。"规划求解"将对直接或间接与目标单元格中公式相关联的一组单元格中的数值进行调整,最终在目标单元格公式中求得期望的结果。使用"规划求解"可通过更改其他单元格来确定某个单元格的最大值或最小值。

三、实验资料

(一) 方案管理器

有 A、B 两个项目,两个项目的报酬率及其概率分布情况如表 1.3.1 所示。

表 1.3.1　项目 A 和项目 B 投资报酬率的概率分布

项目实施情况	该种情况出现的概率		投资报酬率	
	项目 A	项目 B	项目 A	项目 B
好	0.20	0.30	15%	20%
一般	0.60	0.40	10%	10%
差	0.20	0.30	0	−10%

计算项目的期望报酬率,利用方案管理器实现 A 项目和 B 项目的结果切换输出。

(二) 模拟运算表

已知一项投资的初始投资额为 6 000 元,投资期 5 年,每年的现金净流量为 1 600 元,企业要求的必要报酬率为 8%,求该项目的净现值。为分析每年现金净流量和企业要求必要报酬率变动对项目净现值的影响,假设企业每年的净现金流量在 1 000~2 000 元之间变化(变化间隔 200 元),企业的必要报酬率在 5%~10%之间变化(变化间隔 1%),试利用模拟运算表进行相关敏感性分析。

(三) 单变量求解

已知一项投资的初始投资额为 8 000 元,投资期 5 年,每年的现金净流量为 2 000 元,企业要求的必要报酬率为 7%,求该项目的净现值。试用单变量求解方法确定为使得项目的净现值达到 800 元,企业每年的现金净流量要达到多少?

(四) 规划求解

已知企业某种存货的年需要量为 60 000 件,每次订货的变动成本为 3 000 元,单位货物的变动储存成本为 900 元。试利用最优订货量公式和规划求解两种方法计算每批最优订货量。

四、实验指导

(一) 方案管理器

(1) 打开"实验 1.3"工作簿,选择"方案管理器"工作表。选择"数据——模拟分析——方案管理器"菜单,出现"方案管理器"对话框,点击"添加"选项按钮,出现"添加方案"对话框,在"方案名"编辑框内输入"A 项目",在"可变单元格"编辑框内选择或者输入"A10,B12:C14",点击确定(见图 1.3.1a),出现"方案变量值"对话框,然后在各个编辑框内输入方案 A 的相应数据后确定(见图 1.3.1b),完成"A 项目"方案的设定;采用同样的方法添加"B 项目"方案及

其相应数据。选择"A项目"方案,点击"显示"按钮,再点击"关闭"。此时结果
数据区域的相应单元格显示 A 项目的数据。

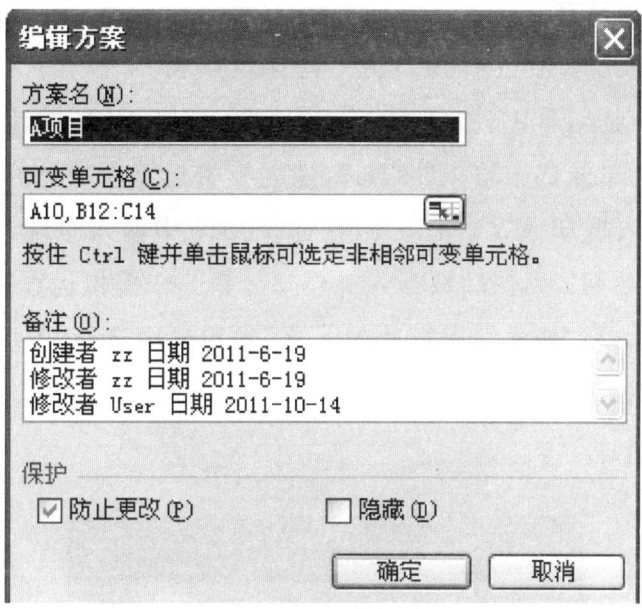

图 1.3.1a　编辑方案对话框

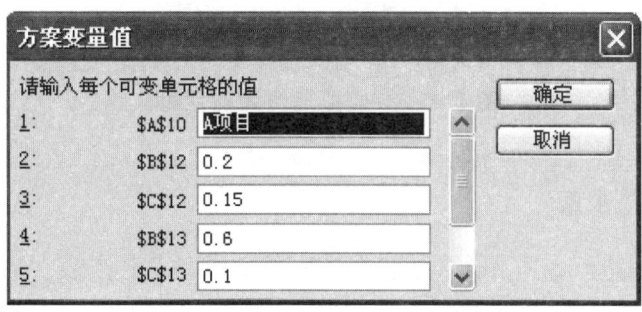

图 1.3.1b　方案变量值对话框

（2）在 D12 单元格内输入公式"＝B12＊C12＋B13＊C13＋B14＊C14",实
现期望报酬率的计算。

（3）选择"数据——模拟分析——方案管理器",出现"方案管理器"对话
框,选择"B项目"方案,点击"显示"按钮,再点击"关闭",此时结果数据区域的

相应单元格显示 B 项目的数据,D12 单元格中期望报酬率的计算结果也相应改变为 B 项目数据的结果。

(二) 模拟运算表

(1) 打开"实验 1.3"工作簿,选择"模拟运算表"工作表。在 B6 单元格中输入公式"=PV(B5,$B$3,-B4)-$B$2",得到 NPV 的计算结果。

(2) 在 B11 单元格中输入"=B6",建立模拟运算表的计算公式联系。在 C11:H11 中输入折现率 5%～10%,在 B12:B17 中输入净现金流量 1 000～2 000。选中 B11:H17,选择"数据——模拟分析——模拟运算表",出现"模拟运算表"对话框。在"输入引用行的单元格"编辑框中选择"$B$5",在"输入引用列的单元格"编辑框中选择"$B$4",点击确定(见图 1.3.2),得到模拟运算的结果表格。

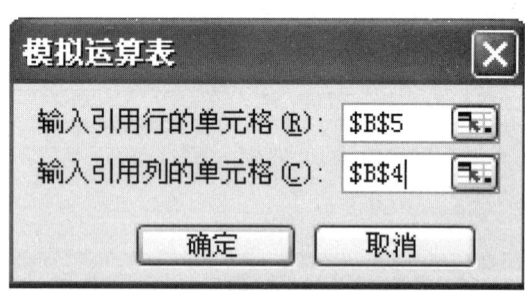

图 1.3.2　模拟运算表对话框

(三) 单变量求解

(1) 打开"实验 1.3"工作簿,选择"单变量求解"工作表。在 B6 单元格中输入公式"=PV(B5,$B$3,-B4)-$B$2",得到 NPV 的计算结果。

(2) 选择"数据——模拟分析——单变量求解",出现"单变量求解"对话框,在"目标单元格"编辑框中选择"$B$6",在"目标值"编辑框中输入"800",在"可变单元格"编辑框中选择"$B$4",点击"确定"(见图 1.3.3),B6 单元格中的数值变化为目标值 800,得到 B4 单元格中的数值为使得 NPV 等于 800 的现金流量的计算结果 2 146.24(见图 1.3.4)。

图 1.3.3　单变量求解对话框

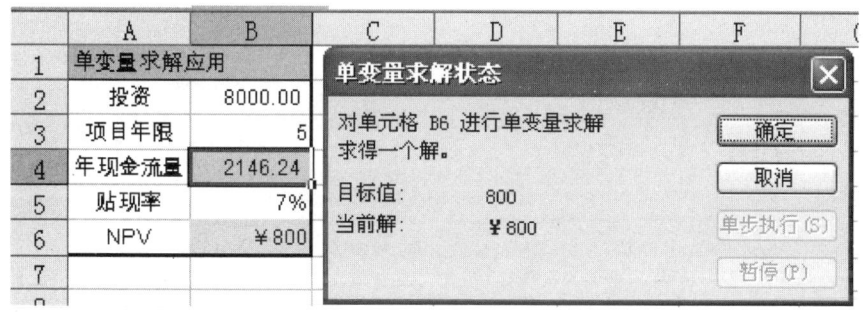

图 1.3.4　单变量求解计算结果

(四) 规划求解

(1) 打开"实验 1.3"工作簿,选择"规划求解"工作表。在单元格"B10"中输入公式"＝SQRT(2＊B5＊B6/B7)",得到利用最优订货量公式计算的结果632.46。

(2) 选择"文件——选项——自定义功能区——开发工具";再选择"开发工具——Excel 加载项——规划求解加载项";然后再选择"数据——规划求解"出现"规划求解参数"对话框(见图 1.3.5),在"设置目标"编辑框中选择"＄B＄14",选择"最小值"选项,在"通过更改可变单元格"编辑框中选择"＄B＄13",单击"求解",出现"规划求解结果"对话框,单击"确定",得到最优订货量和订货相关成本的计算结果,最优订货量的计算结果与利用最优订货量公式计算的结果是一致的。

图 1.3.5 规划求解参数对话框

五、实验结论

在利用不同的多组输入数据分别计算相应的计算结果时,方案管理器可以快速实现不同方案的切换。在进行一个或两个输入变量的敏感性分析时,模拟运算表是一个快速实现的方式。在一个函数关系中,如果想计算在某一变量为多少时可以使目标变量达到一个设定的目标值,单变量求解是最佳的方式。求解自变量在一定约束条件下变化使目标值获得最大值或最小值的问题,规划求解是最为合适的工具。

第 2 章

投 资 决 策

实验 2.1　货币时间价值

一、实验目的

1. 掌握使用 PV、FV 函数实现终值与现值之间的相互转换；
2. 掌握使用 PV、FV 函数实现年金求终值或求现值。

二、实验原理

(一) 货币时间价值的计算公式

货币时间价值是指等量的货币在不同时间具有不同的价值，也就是说现在等量的钱比未来等量的钱更值钱。由于客观存在着货币时间价值，所以在不同时间段的收入与成本费用，是不可任意加减的，为了实现不同时点货币价值的比较与计算，就需要进行货币在不同时点价值的转换。

在单利计息条件下，现值和终值的转换公式为：

$$S = P + P \cdot i \cdot n$$
$$= P(1 + i \cdot n)$$

式中：S 为终值；

P 为现值；

i 为利率，通常％表示年利率，‰表示月利率；

n 为计息期数，通常以年为单位。

在复利计息条件下，现值和终值的转换公式为：

$$S_n = P(1+i)^n$$

在复利计息条件下，年金的终值计算公式为：

$$S = A \frac{(1+i)^n - 1}{i}$$

式中：A 为年金。

在复利计息条件下，年金的现值计算公式为：

$$P = A \frac{1 - (1+i)^{-n}}{i}$$

Excel 的财务函数提供方便进行货币时间价值计算的函数，最基本的是 FV 和 PV 函数。

(二) 相关函数

1. 终值函数 FV( )

功能：基于固定利率及等额分期付款方式，返回某项投资的未来值。

语法：FV(Rate, Nper, Pmt, Pv, Type)

式中：Rate 为各期利率。

Nper 为总投资期，即该项投资的付款期总数。

Pmt 为各期所应支付的金额，其数值在整个年金期间保持不变。通常 Pmt 包括本金和利息，但不包括其他费用及税款。如果忽略 Pmt，则必须包括 Pv 参数。

Pv 为现值，即从该项投资开始计算时已经入账的款项，或一系列未来付款的当前值的累积和，也称本金。如果省略 Pv，则假设其值为零，并且必须包括 Pmt 参数。

Type 为数字 0 或 1，用以指定各期的付款时间是在期初还是期末。

如果省略 Type,则假设其值为零。

2. 现值函数 PV( )

功能:返回投资的现值。现值为一系列未来付款的当前值的累积和。

语法:PV(Rate,Nper,Pmt,Fv,Type)

3. 年金函数 PMT( )

功能:基于固定利率及等额分期付款方式,返回每期付款额,即年金。

语法:PMT(Rate,Nper,Pv,Fv,Type)

注意:①FV 函数和 PV 函数既适用于现值与终值的转换,也适用于年金求终值或现值,只需要在参数输入时对应正确的位置即可;②在上述函数中要特别留意保持 Rate 和 Nper 单位的一致性。例如,同样是 4 年期年利率为 12% 的贷款,如果按月支付,Rate 应为 12%/12,Nper 应为 4 * 12;如果按年支付,Rate 应为 12%,Nper 为 4。

三、实验资料

(1) 某企业以 100 万元投资一个项目,设年平均报酬率为 8%,10 年后企业可收回的投资额与收益共有多少?

(2) 某人拟 5 年后购买一套价值为 50 万元的住宅,在投资回报率为 6% 时,现在他应投入多少元?

(3) 某人每年 10 月存入保险公司 2 000 元,连续存入 10 年,设保险公司回报率为 6%,每年复利计息一次,10 年后他可得的总额为多少?

(4) 某租赁公司将一价款为 20 万元的设备以融资租赁方式出租,租期 6 年,每年年初和年中等额收取两次租金。如市场利率为 8%,租赁公司应将租金定为多少?

(5) 某人将现金 10 000 元投入一项目,假设该项目的回报率固定不变,为 5%,多少年后现金可翻倍?

四、实验指导

(一) 第 1 题

打开"实验 2.1"工作簿的"第 1 题"工作表,输入已知条件。在 B6 单元格

中输入公式"=B2*(1+B4)^B3",在 B7 单元格中输入函数"=FV(B4,B3,,
－B2)",得到两种方式的计算结果。

（二）第 2 题

打开"实验 2.1"工作簿的"第 2 题"工作表,输入已知条件。在 B6 单元格
中输入公式"=B2*(1+B4)^(－B3)",在 B7 单元格中输入函数"=PV(B4,
B3,,－B2)",得到两种方式的计算结果。

（三）第 3 题

打开"实验 2.1"工作簿的"第 3 题"工作表,输入已知条件。在 B6 单元格
中输入公式"=B2*((1+B4)^B3－1)/B4",在 B7 单元格中输入函数"=FV
(B4,B3,－B2)",得到两种方式的计算结果。

（四）第 4 题

打开"实验 2.1"工作簿的"第 4 题"工作表,输入已知条件。在 B7 单元格
中输入公式"=B2/((1－(1+B5/2)^(－(B3*2－1)))/(B5/2)+1)",在 B8
单元格中输入函数"=PMT(B5/2,B3*2,－B2,,1)",得到两种方式的计算结
果。在这里要特别注意因为租金是一年计息两次,所以期数"Nper"需要用年
数乘以年计息次数得到,利率"Rate"则需要用年利率除以年计息期数得到。

（五）第 5 题

这是一个典型的"知三求四"问题,所以可以使用"单变量求解"工具解决
问题。如图 2.1.1 所示,打开"实验 2.1"工作簿的"第 5 题"工作表,输入已知
条件,其中 B3 单元格的投资年数为需要求取的对象,为使用"单变量求解"工
具,可暂时随意输入一个年数,如 10 年。在 B6 单元格中输入公式"=FV(B4,
B3,,－B2)",得到结果为 16 288.95。

选择"数据——模拟分析——单变量求解",出现"单变量求解对话框",选择
目标单元格为＄B＄6,目标值为 20 000,可变单元格选择＄B＄3,确定得到结果。

举一反三,所有的有 n 个变量的方程中,只要知道其中 n－2 个变量的值,
就能用"单变量求解"工具,只要设定第 n－1 个变量的目标值,即可求得第 n
个变量的值。

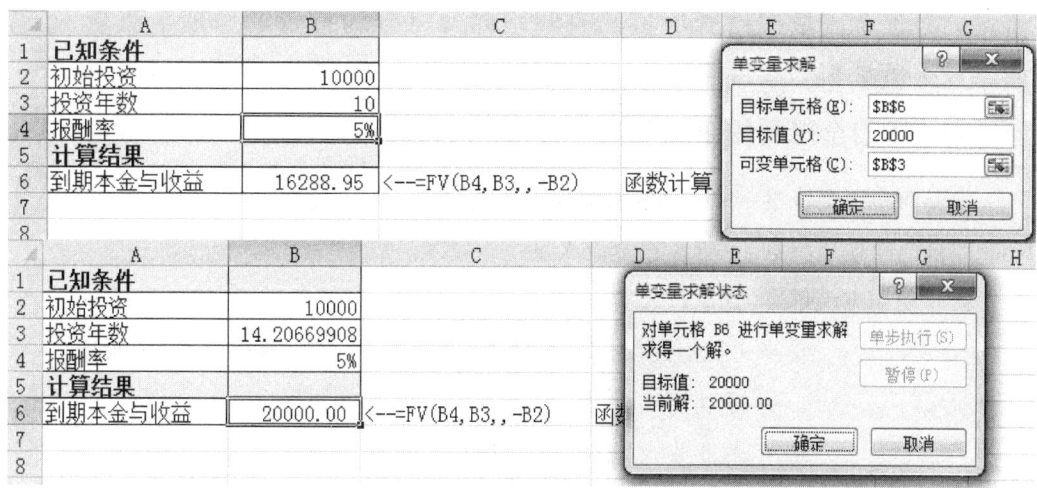

图 2.1.1 利用单变量求解功能解决"知三求四"问题

五、实验结论

在 Excel 中,单笔现金流和年金计算现值或终值均使用"PV( )"或"FV( )"函数,区别仅在于参数的选择。对于任何一个货币时间价值的计算问题中,只要是"知三求四"问题,均可采用"单变量求解"工具求得结果。

实验 2.2 固定资产投资决策

一、实验目的

1. 熟悉固定资产投资决策过程;

2. 掌握 NPV 函数和 IF 函数的使用方法;

3. 掌握利用"名称"功能对常量的命名。

二、实验原理

(一) 投资决策现金流量的构成

投资项目的现金流量由现金流入量和流出量构成,其差额被称为净现金

流量。净现金流量按投资项目的时间不同又可分为投资期净现金流量、经营期净现金流量和终结点净现金流量。

一个项目全过程的净现金流量的计算公式为：

投资期净现金流量 ＝－（直接投资支出＋垫支的流动资金）

经营期净现金流量 ＝ 营业现金流入量

营业现金流入量 ＝ 营业收入－付现成本－所得税

　　　　　　　 或 ＝（营业收入－付现成本－折旧）×（1－所得税率）＋折旧

　　　　　　　　　 ＝ 净利润＋折旧

　　　　　　　 或 ＝ 营业收入×（1－所得税率）－付现成本×（1－所得税率）＋折旧×所得税率

终结点净现金流量 ＝ 经营期净现金流量＋回收的净残值＋回收的流动资金

（二）投资决策方法

投资决策方法是指通过对投资方案的经济效益进行评价和分析，从而决定是否选用该投资方案或者对多个方案的经济效益进行比较和分析，从而选出最优方案的方法。目前，企业常用的决策方法有非折现评价方法和折现评价方法两大类。

非折现评价方法又称静态法，是指在决策时，不考虑货币的时间价值。常用的非折现评价方法有投资回收期法和会计收益率法，其中投资回收期法较为常用。

投资回收期是指回收一项投资支出所需要的时间，即用投资项目产生的净现金流量逐步补偿投资支出，使投资支出正好回收所需要的时间。投资回收期法是以投资回收的时间长短作为评价和分析项目可行性的标准，一般而言，投资者总是希望能尽快地收回投资，即投资回收期越短越好。

折现评价方法又称动态法，是指在决策时要根据货币时间价值的要求，将投资方案的现金流量按某一基础折算成同一时期的量，再将投资支出和各年现金流量的大小进行比较，以确定方案的可行性。常用的折现评价方法有净现值法、获利指数法和内含报酬率法。

现将常用的评价方法介绍如下。

1. 净现值(NPV)法

净现值是指某项投资项目的各年净现金流量按企业设定的必要报酬率折合成期初的现值之和。其基本模式如下:

$$NPV = \sum_{k=1}^{n} \frac{CF_k}{(1+i)^k} - CO_0$$

式中:NPV 为投资项目的净现值;

$\quad CF_k$ 为投资项目第 k 年的净现金流量;

$\quad CO_0$ 为投资项目第 0 年的初始投资额;

$\quad i$ 为投资的必要报酬率;

$\quad n$ 为投资项目的寿命期。

如果一项投资项目的投资额不是在投资建设期初一次性投入,而是在若干年份中逐年投入,则各年投资额也要以必要投资报酬率折合成第 0 年的现值之和。这时,投资项目的初始投资额 CO_0 应改为:

$$CO_0 = \sum_{k=0}^{s} \frac{CO_k}{(1+i)^k}$$

式中:s 为投资支出的持续年数。

净现值法的评价标准为:投资方案的净现值大于或等于 0,说明该投资方案是可行的,应接受该方案;投资方案的净现值小于 0,说明该投资方案是不可行的,应拒绝该方案。如果是多方案比选,则应在净现值大于 0 的方案中,选择净现值最大的方案为最优方案。

2. 获利指数(PI)法

获利指数也称利润指数、现值指数,是指各年净现金流量的现值之和与投资总额的比值。其计算公式如下:

$$PI = \frac{\sum_{k=1}^{n} \frac{CF_k}{(1+i)^k}}{CO_0} = \frac{NPV + CO_0}{CO_0}$$

式中:PI 为获利指数。

获利指数法的评价标准如下:投资方案的获利指数大于或等于 1,说明该投资方案是可行的,应接受该方案;投资方案的获利指数小于 1,说明该投资方案是不可行的,应拒绝该方案。在多个投资方案比选时,应在满足获利指数大于等于1的方案中,选择获利指数最大的方案为最优方案。

3. 内含报酬率(IRR)法

内含报酬率又称内部收益率。它是指能使净现值等于 0 的折现率,即反映投资方案预期可达到的报酬率。其计算公式如下:

$$\sum_{k=1}^{n} \frac{CF_k}{(1+IRR)^k} - CO_0 = 0$$

式中:IRR 为内含报酬率。

内含报酬率法的评价标准如下:当投资方案的内含报酬率大于或等于企业的必要投资报酬率时,该方案可行,应接受投资方案;当投资方案的内含报酬率小于企业的必要投资报酬率时,该方案不可行,应拒绝投资方案。若为多个方案的比选,则在满足内含报酬率大于等于必要投资报酬率的方案中,选择内含报酬率最大的方案为最优方案。

4. 回收期(n)法

回收期是指投资引起的现金流入累计到与投资额相等所需要的时间。它代表收回投资所需要的年限。回收年限越短,方案越有利。

计算公式:

$$回收期 = \frac{原始投资额}{每年现金流量}$$

如果每年现金流量不等,或原始投资分几年投入,此时回收期计算如下:

$$\sum_{k=0}^{n} I_k = \sum_{k=0}^{n} O_k$$

上式中使等式成立的 n 即为回收期。

对于单一方案而言,若其回收期小于行业平均回收期或投资者期望的回收期,则方案可行;如果是多个方案,则选择回收期最短的。

(三) 相关函数

1. 净现值函数 NPV( )

功能:通过使用贴现率以及一系列未来支出(负值)和收入(正值),返回一项投资的净现值。

语法:NPV(Rate,Value1,Value2,...)

式中:Rate 为某一期间的贴现率,是一固定值;

Value1,Value2,...为 1 到 254 个参数,代表支出及收入。

2. 内含报酬率函数 IRR( )

功能:返回由数值代表的一组现金流的内部收益率。

语法:IRR(Values,Guess)

式中:Values 为数组或单元格的引用,包含用来计算返回的内部收益率的
数字;

Guess 为对函数 IRR 计算结果的估计值。

3. 直线折旧函数 SLN( )

功能:返回某项资产在一个期间中的线性折旧值。

语法:SLN(Cost,Salvage,Life)

式中:Cost 为资产原值;

Salvage 为资产在折旧期末的价值(也称资产残值);

Life 为折旧期限(有时也称资产的使用寿命)。

4. 年数总和法折旧函数 SYD( )

功能:返回某项资产按年限总和折旧法计算的指定期间的折旧值。

语法:SYD(Cost,Salvage,Life,Per)

式中:Per 为折旧对应的年数期间,其单位与 Life 相同。

5. 匹配函数 MATCH( )

功能:返回在指定方式下与指定数值匹配的数组中元素的相应位置。如
果需要找出匹配元素的位置而不是匹配元素本身,则应该使用 MATCH 函数
而不是 LOOKUP 函数。

语法:MATCH(Lookup_value,Lookup_array,Match_type)

Lookup_value 为需要在数据表中查找的数值。

Lookup_value 为需要在 Look_array 中查找的数值。例如,如果要在电话
簿中查找某人的电话号码,则应该将姓名作为查找值,但实际上需要的是电话

号码。

Lookup_value 可以为数值(数字、文本或逻辑值)或对数字、文本或逻辑值的单元格引用。

Lookup_array 可能包含所要查找的数值的连续单元格区域。Lookup_array 应为数组或数组引用。

Match_type 为数字－1、0 或 1。如果 Match_type 为 1,函数"MATCH( )"查找小于或等于 Lookup_value 的最大数值。Lookup_array 必须按升序排列:…、－2、－1、0、1、2、…、A－Z、FALSE、TRUE。如果 Match_type 为 0,函数"MATCH( )"查找等于 Lookup_value 的第一个数值。Lookup_array 可以按任何顺序排列。如果 Match_type 为－1,函数 MATCH 查找大于或等于 Lookup_value 的最小数值。Lookup_array 必须按降序排列:TRUE、FALSE、Z－A、…、2、1、0、－1、－2、…,等等。如果省略 Match_type,则假设为 1。

6. INDEX( )

功能:在给定的单元格区域中,返回特定行列的交叉处单元格的值或引用。

语法:INDEX(Array,Row_num,Clumn_num)

式中:Array 为选中的单元格区域或数组常量。

Row_num 为数组或引用中要返回值的行序号。

Clumn_num 为数组或引用中要返回值的列序号。如果忽略,则必须有 Row_num 参数。

7. IF( )

功能:判断一个条件是否满足,如果满足返回一个值,如果不满足则返回另一个值。

语法:IF(Logical_test,Value_if_true,Value_if_false)

式中:Logical_test 为任何一个可判断为 TRUE 或者 FALSE 的数值或表达式。

Value_if_true 为当 Logical_test 为 TRUE 时的返回值。如果忽略,

则返回 TURE。

Value_if_true 为当 Logical_test 为 FALSE 时的返回值。如果忽略,则返回 FALSE。

三、实验资料

(1)某项目需要一次性投入固定资产 130 万元,各年度的净现金流量如表 2.2.1 所示,请计算该项目的投资回收期。

表 2.2.1　项目现金流量情况表　　　　单位:万元

年份	0	1	2	3	4	5	6
现金流量	−130	10	18	35	50	50	30

(2)南宏公司有一台旧车床,是 3 年以前购买的,购价 28 000 元,预计可以使用 8 年,第四年需支出大修理费 7 000 元,寿命终了时还有净残值 3 000 元。该车床每年的运营成本为 8 000 元,目前可以 12 000 元出售。市场上出售的新车床售价为 35 000 元,可以使用 10 年,10 年后有净残值 5 000 元,新车床每年的运营成本为 7 000 元,不需大修。南宏公司要求的投资报酬率应达到 12%,南宏公司是否应更新旧车床?

(3)东方公司正考虑购买一条新的生产流水线以替换现有的已经陈旧的流水线。新流水线的购买价格为 250 000 元,预计使用年限为 5 年(与税法规定相同)。旧流水线是 5 年以前购买的,原价为 200 000 元,预计可再使用 5 年,但税法规定使用年限为 9 年,以直线法计提折旧。新流水线投入使用后,预计产品的年销售额将由原来的 300 000 元上升到 350 000 元。同时,由于生产效率的提高,降低了原材料用量及人工费用,使运营成本由每年 150 000 元降低为 120 000 元。因销售额上升,相应存货和应收账款增加,需追加投入流动资金 10 000 元。新流水线采用年数总和法计提折旧,5 年期满后预计可以 45 000 元售出。旧流水线目前的售价为 60 000 元,5 年后实际残值为 25 000 元。新旧流水线按税法规定的残值率均为 10%。假定东方公司的所得税税率为 40%,公司规定必要报酬率为 10%。

要求:用净现值法决策该公司是否应购买新流水线?

四、实验指导

(一) 投资回收期计算

(1) 打开"实验 2.2"工作簿,选择"投资回收期"工作表,在表格中输入已知的各年度现金流量。

(2) 在 B4 单元格中属于公式"＝B3"得到累积现金流量的初始值,然后在 C4 单元格中输入公式"＝B4＋C3",算出第 1 年年末的累积现金流量,用填充柄完成 D4:H4 各单元格的计算,算出每年年末的累积现金流量。

(3) 在 B5 单元格中输入公式"＝1＋MATCH(0,C4:H4,1)",计算出累计现金流量为正数的年份为"5"。注意,本例中"累积现金流量"是按升序排列的,所以 MATCH 函数中的 Match_type 的取值只能选择 1,函数 MATCH 会查找小于或等于 Lookup_value 的最大数值。

(4) 在 B6 单元格中输入公式"＝B5－1＋ABS(INDEX(C4:H4,1,B5－1)/INDEX(C3:H3,1,B5))",计算出投资回收期的年数。这里,函数 INDEX 用来返回指定位置的数值。计算的结果如图 2.2.1 所示。

	A	B	C	D	E	F	G	H
1	计算项目的回收期							
2	年份	0	1	2	3	4	5	6
3	各年份的现金流量（万元）	-130	10	18	35	50	50	30
4	累计现金流量（万元）	-130	-120	-102	-67	-17	33	63
5	累计现金流量为正数的年份是:	5						
6	项目的回收期为（年）	4.3400						

图 2.2.1 投资回收期计算结果

(二) 机床更新决策

(1) 打开"实验 2.2"工作簿,选择"机床更新"工作表,在"基本资料区域"输入已知条件,如图 2.2.2 所示。

(2) 从本案例的资料中可以看到,新旧车床的更换,并不引起收入的变动,而新车床的投资额较大,但可节约运营成本和大修费用,必须进行决策。

	A	B	C	D
1	机床更新决策计算分析表			
2	基本资料区域			
3		旧设备	新设备	
4	原值	28000	35000	
5	当前市值	12000	35000	
6	预计使用年限	8	10	
7	已经使用年限	3	0	
8	最终残值	3000	5000	
9	残值变现价值	3000	5000	
10	大修理费	7000	0	注：第4年支出
11	年运行成本	8000	7000	
12	最低报酬率	12%	12%	

图 2.2.2　原始数据

如果新旧车床的使用年限相同,仍可采用净现值法进行评价。方案评价时将使用旧车床和使用新车床看作两个互斥的投资方案,以其投资额和运营成本等作为净现金流量,计算出两个方案的净现值,净现值小的即为最优方案。但在本案例中,新旧车床使用寿命期不同,旧设备还可使用 5 年,新车床可以使用 10 年,采用净现值进行评价时,新车床的使用期限内成本之和必然大于旧车床,但是新车床所能获得的销售收入必然也大于旧车床,这给投资决策带来困难。解决这个问题最常用的方法是比较继续使用旧车床和新机床的平均年成本,以评价年成本较低的方案为可取方案。平均年成本是按必要投资报酬率将投资项目的全部现金流出折算为相当于未来使用年限内每年平均发生的等额现金流出。具体可采用将所有现金流先折算为现值,再将现值折算为年均成本(即年金)的方法。具体操作为:在 B14 单元格中输入"＝B5＋ABS(PV(B12,B6－B7,B11,－B9))＋ABS(PV(B12,1,,B10))",在 C14 单元格中输入"＝C5＋ABS(PV(C12,C6－C7,C11,－C9))"计算出两种情况的总成本的现值;然后在 B15 单元格中输入"＝ABS(PMT(B12,B6－B7,B14))",C15 单元格的计算公式与 B15 单元格相同,可利用填充柄完成。

（3）作出决策,在 B16 单元格中输入"＝IF(C15＜B15,"更新设备","继续使用旧设备")",得出结论"继续使用旧设备"。得到的结果如图 2.2.3 所示。

	A	B	C
13	计算与分析		
14	成本现值	45385.93	72941.70
15	年平均成本	12590.50	12909.52
16	结论	继续使用旧设备	

图 2.2.3　机床更新决策计算与分析结果

（三）流水线更新决策

（1）打开"实验 2.2"工作簿，选择"流水线更新"工作表，在"基本资料区域"输入已知条件。

（2）参考表 2.2.2，分别在相关单元格对旧设备和新设备的现金流量进行计算。

表 2.2.2　各单元格计算公式

单元格	公式或函数	复制操作
B23	$=\$B\$15$	复制至 C23:G23
B24	$=\$B\$16$	复制至 C24:G24
B25	$=SLN(\$B\$7,\$B\$12,\$B\$11)$	复制至 C25:G25
B26	$=C23-C24-C25$	复制至 C26:G26
B27	$=C26*\$B\$19$	复制至 C27:G27
B28	$=C26-C27$	复制至 C28:G28
B29	$=C28+C25$	复制至 C29:G29
B30	$=-(B8-(B8-(B7-(B7-B12)/B11*B10))*B19)$	
B31	$=B30+B29$	复制至 C31:G31
G25	0	
G30	$=B13-(B13-B12)*B19$	
B35	$=\$C\$15$	复制至 C35:G35
B36	$=\$C\$16$	复制至 C36:G36
B37	$=SYD(\$C\$7,\$C\$12,\$C\$9,C34)$	复制至 C37:G37

（续表）

单元格	公式或函数	复制操作
B38	＝C35－C36－C37	复制至 C38:G38
B39	＝＄B＄19＊C38	复制至 C39:G39
B40	＝C38－C39	复制至 C40:G40
B41	＝C40＋C37	复制至 C41:G41
B42	＝－C7－C17	
B43	＝B41＋B42	复制至 C43:G43
G42	＝C13－（C13－C12）＊B19＋C17	

（3）计算两个方案的净现值。在 C5 单元格中输入"＝NPV(B18,C31：G31)＋B31"，在 C6 单元格中输入"＝NPV(B18,C43:G43)＋B43"。

（4）作出决策，在 B2 单元格中输入"＝IF(C4－C3＞＝0,"更新","不更新")"，得出结论"更新"。

得到的结果如图 2.2.4、图 2.2.5 和图 2.2.6 所示。

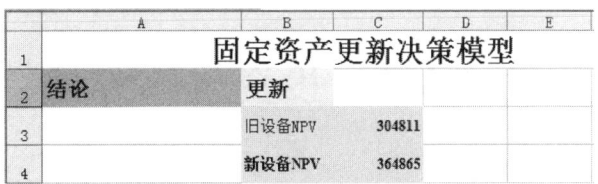

图 2.2.4　决策结论输出结果

	A	B	C	D	E	F	G
21	旧设备现金流量表						
22	旧设备剩余使用年限	0	1	2	3	4	5
23	销售收入		300000	300000	300000	300000	300000
24	付现成本		150000	150000	150000	150000	150000
25	折旧额		20000	20000	20000	20000	0
26	税前利润		130000	130000	130000	130000	150000
27	所得税		52000	52000	52000	52000	60000
28	税后净利		78000	78000	78000	78000	90000
29	营业净现金流量		98000	98000	98000	98000	90000
30	初始或终结现金流量（税后）	-76000					23000
31	现金流量	-76000	98000	98000	98000	98000	113000

图 2.2.5　旧设备现金流量表

	A	B	C	D	E	F	G
33	新设备现金流量表						
34	新设备剩余使用年限	0	1	2	3	4	5
35	销售收入		350000	350000	350000	350000	350000
36	付现成本		120000	120000	120000	120000	120000
37	折旧额（年数总和法）		75000	60000	45000	30000	15000
38	税前净利		155000	170000	185000	200000	215000
39	所得税		62000	68000	74000	80000	86000
40	税后净利		93000	102000	111000	120000	129000
41	营业净现金流量		168000	162000	156000	150000	144000
42	初始或终结现金流量（税后）	-260000					47000
43	现金流量	-260000	168000	162000	156000	150000	191000

图 2.2.6 新设备现金流量表

五、实验结论

净现值法是资本投资决策的主要方法之一，"NPV（ ）"函数可以方便地实现净现值的计算，但在计算需要特别注意的是"NPV（ ）"函数计算的结果并不包括初始投资额。

实验 2.3 投资风险分析

一、实验目的

1. 掌握风险衡量指标——标准离差率的计算方法；

2. 掌握资本投资风险决策的两种方法（风险调整贴现率法和肯定当量法）。

二、实验原理

（一）风险的衡量以及投资的风险决策方法

1. 风险的衡量

衡量一个投资项目的风险常常采用概率法。投资项目的现金流量的不确定性形成了风险,因此,可以根据现金流量可能的数量及其概率,计算其期望值、标准差及变化系数,从而反映项目风险的大小。这种方法可通过以下的步骤进行。

(1) 计算项目的年期望净现金流量及其现值之和。

$$E_t = \sum_{k=1}^{s} E_{tk} \cdot P_{tk}$$

式中:E_t 为第 t 年的年期望净现金流量;

$\quad$ s 为预计第 t 年可能出现的净现金流量的个数;

$\quad$ E_{tk} 预计第 t 年第 k 个可能出现的净现金流量;

$\quad$ P_{tk} 为 E_{tk} 出现的概率。

将各年期望净现金流量以企业要求的投资报酬率折合到第 0 年,求出该投资方案的期望净现金流量的现值之和(EPV):

$$EPV = \sum_{t=1}^{n} \frac{\overline{E_t}}{(1+i)^t}$$

式中:i 为企业要求的投资报酬率;

$\quad$ n 为投资项目的寿命期限。

(2) 计算项目的期望年净现金流量的标准差及综合标准差。

各年期望现金流量的标准差(d_t)可用下式计算:

$$d_t = \sqrt{\sum_{k=1}^{s} (E_{tk} - E_t)^2 \cdot P_{tk}}$$

将各年期望净现金流量的标准差以企业要求的必要报酬率折合到第 0 年,计算出该项目的综合标准差(D):

$$D = \sqrt{\sum_{t=1}^{n} \frac{d_t^2}{(1+i)^{2t}}}$$

(3) 计算变化系数。

由于标准差是一个绝对数,无法比较不同收益率项目的风险大小,在比较收益不同的投资项目时,可计算变化系数(q):

$$q = \frac{d}{E}$$

在反映具有一系列现金流量方案的投资风险时可计算综合变化系数(Q):

$$Q = \frac{D}{EPV}$$

综合变化系数的大小说明了投资风险的程度,在其他条件相同时,综合变化系数越大,风险也越大。

2. 资本投资的风险决策方法

(1) 风险调整贴现率法。如果投资项目所含的风险大于一般的风险,企业就应该调高所要求的必要投资报酬率,以调整过的报酬率来贴现现金流量,这种按风险的大小调整贴现率并依其进行投资决策分析的方法叫风险调整贴现率法。

必要投资报酬率 = 无风险投资报酬率 + 风险投资报酬率

无风险投资报酬率即货币的时间价值,通常用同期国库券的利率作为标准来确定,风险投资报酬率的计算公式如下:

$$K = i + b \cdot Q$$

式中: K 为必要投资报酬率;

i 为无风险投资报酬率;

b 为风险报酬斜率;

Q 为投资项目的综合变化系数。

(2) 肯定当量法。肯定当量法是将未来各年有风险的预期净现金流量转换成认为与之等值的无风险净现金流量,然后以无风险报酬率作为贴现率计算项目的净现值的评价方法。

$$NPV = \sum_{t=1}^{n} \frac{\partial_t \cdot CF_t}{(1+i)^t} - CO_0$$

式中: ∂_t 为第 t 年的肯定当量系数;

i 为无风险投资报酬率。

肯定当量系数 ∂_t 是指等价的确定值与有风险的预期值之间的比率关系,即:

$$\partial_t = \frac{\text{肯定的无风险净现金流量}}{\text{不肯定的预期风险净现金流量}}$$

(二) 相关函数

1. SUMPRODUCT( )

功能:在给定的几组数组中,将数组间对应的元素相乘,并返回乘积之和。

语法:SUMPRODUCT(Array1,Array2,Array3,...)

式中:Array1,Array2,Array3,... 为2到30个数组,其相应元素需要进行相乘并求和。

2. ISNUMBER( )

功能:如果判断对象的值为数字,则返回逻辑值为"TRUE",否则则返回"FALSE"。

语法:ISNUMBER(Value)

式中:Value 为判断的对象。

3. LOOKUP( )

功能:向量为只包含一行或一列的区域。函数 LOOKUP 的向量形式是在单行区域或单列区域(向量)中查找数值,然后返回第二个单行区域或单列区域中相同位置的数值。

语法:(向量形式):LOOKUP(Lookup_value,Lookup_vector,Result_vector)

式中:Lookup_value 为函数 LOOKUP 在第一个向量中所要查找的数值;

Lookup_vector 为只包含一行或一列的区域。

要点:Lookup_vector 的数值必须按升序排序:…、−2、−1、0、1、2、…、A−Z、FALSE、TRUE;否则,函数 LOOKUP 不能返回正确的结果。文本不区分大小写。

Result_vector 只包含一行或一列的区域,其大小必须与 Lookup_vector 相同。

三、实验资料

某公司现有两个投资项目可供选择,其投资额与各年净现金流量如表2.3.1所示,市场无风险报酬率为6％,风险报酬斜率为0.12。

表 2.3.1　A、B方案的基本情况

年份	A 方案		B 方案	
	净现金流量(元)	概率	净现金流量(元)	概率
0	−9 000	1	−3 000	1
1	6 000	0.25	—	—
	4 000	0.50	—	—
	2 000	0.25	—	—
2	8 000	0.20	—	—
	6 000	0.60	—	—
	4 000	0.20	—	—
3	5 000	0.30	3 000	0.20
	4 000	0.40	8 000	0.60
	3 000	0.30	3 000	0.20

变化系数与肯定当量系数之间的经验数据如表2.3.2所示:

表 2.3.2　不同变化系数对应的肯定当量系数

变化系数(Q)	肯定当量系数(∂_t)
0.00~0.07	1
0.08~0.15	0.9
0.16~0.23	0.8
0.24~0.32	0.7
0.33~0.42	0.6
0.43~0.54	0.5
0.55~0.70	0.4

要求:分别用风险调整贴现率法和肯定当量法计算 A、B 两个方案的净现值并作出择优决策。

四、实验指导

(一) 风险调整贴现率法

(1) 打开"实验 2.3"工作簿,选择"风险调整贴现率法"工作表,输入如图 2.3.1 所示数据。

	A	B	C	D	E
1	基本资料				
2		无风险报酬率i	0.06	风险报酬斜率b	0.12
3					
4	年份	A方案		B方案	
5		净现金流量(元)	概率	净现金流量(元)	概率
6	0	-9000	1	-3000	1
7		6000	0.25	0	0
8	1	4000	0.5	0	0
9		2000	0.25	0	0
10		8000	0.2	0	0
11	2	6000	0.6	0	0
12		4000	0.2	0	0
13		5000	0.3	3000	0.2
14	3	4000	0.4	8000	0.6
15		3000	0.3	13000	0.2

图 2.3.1 原始数据

(2) 参考表 2.3.3,分别在相关单元格进行计算,完成 A 项目现金流量期望值和标准差的计算。

表 2.3.3 各单元格计算公式

单元格	公式或函数
B20	=B6
B21	=SUMPRODUCT(B7:B9,C7:C9)
B22	=SUMPRODUCT(B10:B12,C10:C12)

（续表）

单元格	公式或函数
B23	＝SUMPRODUCT(B13：B15,C13：C15)
C21	＝SQRT(SUMPRODUCT((B7：B9－B21)＾2,C7：C9))
C22	＝SQRT(SUMPRODUCT((B10：B12－B22)＾2,C10：C12))
C23	＝SQRT(SUMPRODUCT((B13：B15－B23)＾2,C13：C15))

（3）复制 B20：B23 至 D20：D23，复制 C21：C23 至 E21：E23，完成 B 项目现金流量期望值和标准差的计算。

（4）参考表 2.3.4，分别在相关单元格进行计算，完成 A 项目的相应计算。

表 2.3.4　各单元格计算公式

单元格	公式或函数
C26	＝NPV(＄C＄2,B21：B23)
C27	＝SQRT((C21/(1＋＄C＄2)＾＄A＄21)＾2＋(C22/(1＋＄C＄2)＾＄A＄22)＾2＋(C23/(1＋＄C＄2)＾＄A＄23)＾2)
C28	＝C27/C26
C29	＝＄C＄2＋＄E＄2＊C28
C30	＝NPV(C29,B21,B22,B23)＋B20

（5）参照上面 A 项目的算法，计算 B 项目 D26：D30 单元格中的相应数据。

（6）所有的计算结果如图 2.3.2 所示。

（二）肯定当量法

（1）打开"实验 2.3"工作簿，选择"肯定当量法"工作表，输入如图 2.3.3(a)和 2.3.3(b)所示数据。

（2）参考表 2.3.5，分别在相关单元格进行计算，完成 A 项目现金流量期望值和标准差的计算。其中，G17 单元格的计算公式中使用了"IF( )"函数配

	A	B	C	D	E
18		A方案		B方案	
19	t 期数	现金流量期望值E	标准差d	现金流量期望值E	标准差d
20	0	−9000		−3000	
21	1	4000	1414	0	0
22	2	6000	1265	0	0
23	3	4000	775	8000	3162
24					
25			A方案	B方案	
26		期望现值EPV	12472	6717	
27		综合标准差D	1862.88	2655.11	
28		变化系数Q	0.15	0.40	
29		调整风险贴现率K	7.8%	10.7%	
30		净现值NPV	3068	2890	

图 2.3.2　风险调整贴现率法的输出结果

	A	B	C
1	基本资料		
2	无风险报酬率	6%	
3			
4	变化系数		肯定当量系数
5	下限	上限	
6	0	0.07	1
7	0.08	0.15	0.9
8	0.16	0.23	0.8
9	0.24	0.32	0.7
10	0.33	0.42	0.6
11	0.43	0.54	0.5
12	0.55	0.7	0.4

图 2.3.3(a)　原始数据

合"ISNUMBER( )"函数,是为了避免在计算"变化系数"时由于"期望值"的值为"0"出现报错信息,使得在"F16/E16"的计算结果出现报错信息时能够给G17 单元格赋值为"0";H17 单元格利用"LOOKUP( )"函数是用于根据 G17 单元格中变化系数的值按照图 2.3.3(a)中所示的肯定当量系数与变化系数的对应关系对 H17 单元格的肯定当量系数正确取值。

	A	B	C	D	E	F	G	H	I	J
14	计算结果									
15	项目	年T	概率Pi	CFAT（元）	期望值（元）	标准离差	变化系数	肯定当量系数	无风险现金流量	NPV（元）
16			1.00	-9,000						
17										
18		0								
19			0.25	6000						
20			0.50	4000						
21	A	1	0.25	2000						
22			0.20	8000						
23			0.60	6000						
24		2	0.20	4000						
25			0.30	5000						
26			0.40	4000						
27		3	0.30	3000						
28			1.00	-3,000						
29			0.00	0						
30		0	0.00	0						
31			0.00	0						
32			0.00	0						
33	· B	1	0.00	0						
34			0.00	0						
35			0.00	0						
36		2	0.00	0						
37			0.20	3000						
38			0.60	8000						
39		3	0.20	13000						

图 2.3.3(b)　原始数据

表 2.3.5　各单元格计算公式

单元格	公式或函数	复制操作
E16	＝SUMPRODUCT(C16:C18,D16:D18)	用填充柄复制至 E17:E37
F16	＝SQRT（SUMPRODUCT（C16:C18,（D16:D18－E16)^2))	用填充柄复制至 F17:F37
G17	＝IF(ISNUMBER(F16/E16),F16/E16,0)	用填充柄复制至 G17:G37
H17	＝LOOKUP(G16,＄A＄6:＄A＄12,＄C＄6:＄C＄12)	用填充柄复制至 H17:H37
I18	＝E16 * H16	用填充柄复制至 I17:I37
J18	＝NPV(＄B＄2,I19:I27)＋I16	用填充柄复制至 J17:J28

（3）所有的计算结果如图 2.3.4 所示。

五、实验结论

　　投资项目的风险分析需要计算项目的期望值、标准差等，这些计算直接用公式计算较为复杂，使用"SUMPRODUCT（ ）"函数可以大大简化计算工作。

	A	B	C	D	E	F	G	H	I	J
14	计算结果									
15	项目	年T	概率Pi	CFAT（元）	期望值（元）	标准离差	变化系数	肯定当量系数	无风险现金流量	NPV（元）
16			1.00	−9,000						
17					−9,000	0	0.00	1.00	−9,000	
18		0								
19			0.25	6000						
20			0.50	4000	4,000	1,414	0.35	0.60	2,400	
21	A	1	0.25	2000						
22			0.20	8000						223
23			0.60	6000	6,000	1,265	0.21	0.80	4,800	
24		2	0.20	4000						
25			0.30	5000						
26			0.40	4000	4,000	775	0.19	0.80	3,200	
27		3	0.30	3000						
28			1.00	−3,000						
29			0.00	0	−3,000	0	0.00	1.00	−3,000	
30		0	0.00	0						
31			0.00	0						
32			0.00	0	0	0	0.00	1.00	0	
33	B	1	0.00	0						1,030
34			0.00	0						
35			0.00	0	0	0	0.00	1.00	0	
36		2	0.00	0						
37			0.20	3000						
38			0.60	8000	8,000	3,162	0.40	0.60	4,800	
39		3	0.20	13000						

图 2.3.4　肯定当量法的输出结果

在计算过程中如果遇到报错信息影响单元格正常取值，可以利用"IF( )"函数配合像"ISNUMBER( )"函数这一类的"IS"类函数解决这一问题。"LOOK-UP( )"函数是实现根据给定取值条件实现单元格自动取值的有效工具。

第3章

证 券 评 价

实验 3.1 债 券 评 价

一、实验目的

1. 掌握使用 PV、NPV 函数计算债券价值的方法；
2. 掌握使用 IRR、RATE 函数计算债券收益率的方法。

二、实验原理

(一) 债券价值的评估模型

企业在进行债券投资时，必须估计债券的价值，通常将债券的估价称为债券的内在价值或投资价值，即最高可以投资的价格。债券的投资价值高于市场价格时，企业才能投资，反之，则不应投资。评估债券价值的模型应根据债券的类型确定。

一般情况下，投资者持有的债券多为分期付息、到期还本形式，对其进行估价，是将未来各期所得到的利息和归还的本金按市场利率折合成现值，其估价模型为：

$$V_b = \sum_{t=1}^{n} \frac{I}{(1+i)^t} + \frac{M}{(1+i)^n}$$
$$= I(P/A, i, n) + M(P/S, i, n)$$

式中：V_b 为债券的内在价值；

　　I 为债券的年利息；

　　M 为债券的到期还本额或出售价格；

　　i 为市场利率或要求的最低投资收益率；

　　n 为债券的投资期。

Excel 的财务函数提供方便进行债券价值计算的函数,最基本的是 PV 和 NPV 函数。

(二) 债券投资收益率的计算

企业投资购买债券,主要是为了获得稳定的投资收益,对不同的债券,投资者要求的收益率是不同的。投资者最关心的是当前的证券市场价格所揭示的收益率。当前的证券市场价格反映了投资者能共同接受的预期收益率。以当前的债券市场价格替代债券估价模型中的债券内在价值计算出折现率,即为市场刘该债券的预期收益率。其计算公式如下：

$$P_b = \sum_{t=1}^{n} \frac{I}{(1+R)^t} + \frac{M}{(1+R)^n}$$
$$= I(P/A, i, n) + M(P/S, i, n)$$

式中：P_b 为债券的市场价格；

　　R 为债券投资收益率；

其他符号的含义与估价模型中一样。

Excel 的财务函数提供方便进行债券价值计算的函数,最基本的是 IRR 函数。由于债券的现金流一般是以普通年金的形式,因此它的收益率也可以用 RATE 函数来求解。

(三) 相关函数

1. 净现值函数 NPV( )

功能:基于一系列将来的收(正值)支(负值)现金流和一贴现率,返回一项

投资的净现值

语法:NPV(Rate，Value1，Value2，…)

式中:Rate 为整个阶段的贴现率。

Value1 为收入和支出的参数。

2. 现值函数 PV( )

功能:返回投资的现值。现值为一系列未来付款的当前值的累积和。

语法:PV(Rate，Nper，Pmt，Fv，Type)

式中:Rate 为各期利率。

Nper 为总投资期,即该项投资的付款期总期数。

Pmt 为各期所应支付的金额,其数值在整个年金期间保持不变。通常 Pmt 包括本金和利息,但不包括其他费用及税款。如果忽略 Pmt,则必须包括 Pv 参数。

Fv 为终值,即最后一次付款期后获得的一次性偿还额。

Type 为数字 0 或 1,用以指定各期的付款时间是在期初还是期末。如果省略 Type,则假设其值为零。

3. 内含报酬率函数 IRR( )

功能:基于一系列将来的收支的现金流,返回一系列现金流的内部报酬率。

语法:IRR(Values，Guess)

式中:Values 为一个数组,或对包含用来计算返回内部报酬率的数字的单元格的引用。

Guess 为内部报酬率的猜测值。如果忽略,则为 0.1。

4. 实际利率函数 RARE( )

功能:返回投资或者贷款的每期实际利率。

语法:RATE(Nper，Pmt，Pv，Fv，Type)

三、实验资料

某债券面值为 1 000 元,票面利率为 9%,期限为 8 年,每年付息一次,到期还本,该债券已发行 3 年。当前市场利率为 12%,该债券的市场价格为 850

元,企业是否可以投资? 此时企业的预期收益率是多少? 当市场利率变化时,
债券价值如何变化?

四、实验指导

(一) 利用 NPV 和 PV 函数计算债券价值

(1) 打开"实验3.1"工作簿,选择"债券价值评估"工作表,输入如图3.1.1
所示数据。

	A	B	C	D	E	F
1	**债券价值评估**					
2	基本条件					
3	票面金额	1000	票面利率	9%		
4	期数总和	5	市场利率	12%		
5						
6	投资现金流量					
7	0	1	2	3	4	5
8	-850	90	90	90	90	1090
9						
10	1.债券的价值					
11	NPV:					
12	PV:					

图 3.1.1 原始数据

(2) 利用 NPV 函数计算债券价值。选中 B11 单元格,选择"公式"中的
按钮,找到"NPV",之后单击"NPV"(见图3.1.2);或者选中 B11 单元格,在编
辑栏内输入"=NPV",单击编辑栏左侧紧邻的 f_x 按钮,打开 NPV"函数参数"
对话框,如图3.1.3所示。在"Rate"参数后输入"D4",单击"Value1"后面的折
叠按钮,选择区域"B8:F8",单击"确定"按钮,返回计算结果,完成利用 NPV
函数参数的计算。选中 C11 单元格,输入"=IF(B11>ABS(A8),"可以投
资","不可以投资")",单击回车键输出计算结果,完成利用 IF 函数对是否可
以投资进行的判断。计算结果如图3.1.5所示。

(3) 选中 B12 单元格,选择"公式"中的 按钮,找到"PV",之后单击"PV",
打开如图3.1.4所示的 PV 函数参数对话框。在"Rate"参数后输入"D4","Nper"

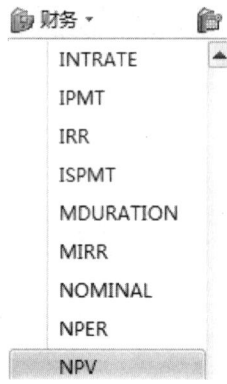

图 3.1.2   插入函数

图 3.1.3   NPV 函数参数对话框

图 3.1.4   PV 函数参数对话框

参数后输入"B4","Pmt"参数后输入"B3 * D3",单击"Fv"后的折叠按钮，选择"B3"单元格,Type 参数选择默认。单击"确定"按钮,完成利用 PV 函数计算债券价值。选中 C12 单元格,输入"＝IF(ABS(B12)＞ABS(A9),"可以投资","不可以投资")",单击回车键输出计算结果,完成利用 IF 函数对是否可以投资进行的判断。计算结果如图 3.1.5 所示。

注意:PV 函数中,所有资金的金额都是从使用者的角度来看的,本例中所有的利息都是资金流入,Pmt 用正数表示,持有到期后收回的本金也是资金的流入,故 Fv 也用正数表示,最终返回的结果是负数,表示资金的流出,也就是说投资者在起初的时候要付出 891.86 元的资金流出,才可以换回本例条件中给出的现金流入。

C11		f_x	=IF(B11>ABS(A8),"可以投资","不可以投资")		
	A	B	C	D	E
10	1.债券的价值				
11	NPV:	891.86	可以投资		
12	PV:	-891.86	可以投资		

图 3.1.5 债券价值的计算

(4) 计算市场利率变化对债券价值的影响。选中 B16 单元格,在编辑栏内输入公式"＝PV($B$15,$B$4,-$B$3*$D$3,-$B$3)"(注意:为了使最终的计算结果为一正数,代表现金流入的 Pmt 参数和 Fv 参数都用了负数进行表示),单击回车键,完成利用 PV 函数计算债券价值。计算结果如图 3.1.7 所示。

(5) 选中 B15:I16 单元格区域,选择"数据——模拟分析——模拟运算表",打开"模拟运算表"对话框,如图 3.1.6 所示。在"输入引用行的单元格"项,选择"$B$15"单元格,单击"确定"按钮,返回计算结果如图 3.1.7 所示。

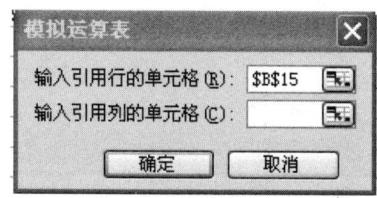

图 3.1.6 "模拟运算表"对话框

	B16	▼	ƒ×	=PV($B$15,$B$4,-$B$3*$D$3,-$B$3)				
	A	B	C	D	E	F	G	H	I
14	2.市场利率变化对债券价值的影响								
15	市场利率	12%	8%	9%	10%	11%	13%	14%	15%
16	债券价值	891.86	1039.93	1000.00	962.09	926.08	859.31	828.35	798.87
17									

图 3.1.7 市场利率变化对债券价值的影响计算结果

(二)利用 IRR 和 RATE 函数计算债券投资的收益率

(1)打开"实验 3.1"工作簿,选择"债券价值评估"工作表。输入如图 3.1.8所示数据。

	A	B	C	D	E	F	G	H
17								
18	3.预期收益率的计算							
19	购入价格	1	2	3	4	5	利用IRR	利用RATE
20	−850	90	90	90	90	1090		
21								

图 3.1.8 原始数据

(2)选中 G20 单元格,在编辑栏内输入"=IRR(A20:F20)",单击回车键,完成利用 IRR 函数计算债券内部收益率。

(3)选中 H20 单元格,选择"公式"中的🔲财务按钮,找到"RATE",之后单击"RATE",打开如图 3.1.9所示的 RATE 函数参数对话框。"Nper"参数后输入

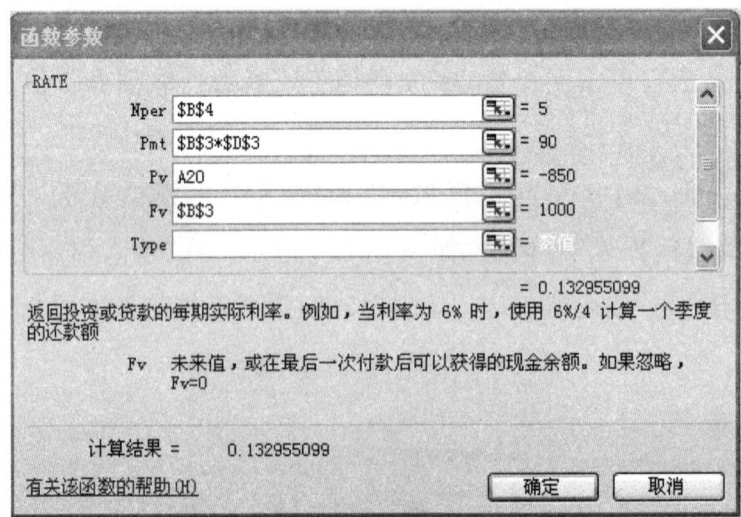

图 3.1.9 RATE 函数参数对话框

"$B$4"，"Pmt"参数后输入"$B$3＊$D$3"，"Pv"参数后输入"A20"，"Fv"参数后输入"$B$3"（注意区分绝对引用与相对引用，以方便计算不同购入价格下的预期收益率）。单击"确定"按钮，完成 RATE 函数参数设置，返回计算结果。

（4）当购入价格变化时，可直接利用复制粘贴功能，计算新的内在回报率。假设购入价格变为 950，则在 A21 单元格输入"－950"，然后复制 B20：H20 单元格，粘贴到 B21：H21，即得到当购入价格为 950 时的预期收益率。计算结果如图 3.1.10 所示。

	A	B	C	D	E	F	G	H
18	3.债券到期收益率的计算							
19	购入价格	1	2	3	4	5	利用IRR	利用RATE
20	－850	90	90	90	90	1090	13.30%	13.30%
21	－950	90	90	90	90	1090	10.33%	10.33%
22								

图 3.1.10　函数计算结果

五、实验结论

通过本实验，可以看出债券的价值就是持有债券未来现金流量的现值。可通过 NPV 函数和 PV 函数来计算债券的价值。当市场利率等于票面利率时，债券价值等于面值，当市场利率不等于票面利率时，市场利率越大，债券价值越小。债券的到期收益率就是使未来现金流量现值之和等于购买价格时候的收益率，实质是一个内部收益率的概念。

使用 PV 函数和 RATE 函数的前提是现金首付要符合年金的定义，不仅仅收支间隔要一致，而且每期的收付金额也必须一致。而 NPV 函数和 IRR 函数只要求收支间隔一致即可。

实验 3.2　股票评价

一、实验目的

掌握使用 Gordon 模型计算股票价值的方法。

二、实验原理

股票评价是另一种重要的证券价值评估。对于定期支付股利的股票,其评估方法是使用 Gordon 模型。Gordon 模型通常用于定期派发股利并且预期收益率大于股票股利增长率的股票。

(一)短期持有的股票估价模型

企业购买股票以后,持有一段时间后,再将其转让出去。在这种方法下,普通股价值就等于持股期间所得股利的现值加上最终转让该股票时出售的价值。其估价模型如下:

$$V_0 = \sum_{t=1}^{n} \frac{D_t}{(1+R_S)^t} + \frac{V_n}{(1+R_S)^n}$$

$$= \sum_{t=1}^{n} D_t(P/F, R_S, t) + V_n(P/F, R_S, n)$$

式中:V_0 为股票的内在价值;

D_t 为第 t 年的股利;

V_n 为股票的出售价格;

R_S 为市场利率或要求的最低投资收益率;

n 为股票的投资期。

(二)长期持有的股票估价模型

企业长期持有股票,只能获得定期的股利,将未来各期的股利折合成现值,即为股票的投资价值。其估价模型为:

$$V = \sum_{t=1}^{\infty} \frac{D_t}{(1+R_S)^t}$$

如果股票每年发放的现金股利是无规律的,则无法估计股票的投资价值,若股利的发放有一定的规律,可用简化公式来计算。

1. 股利固定不变的股票估价模型

某些股票,股利额是固定的,如优先股及采用固定股利政策的普通股,每期发放的股利可以看作永续年金,用永续年金求现值的方法,计算其投资价值。

$$V = \frac{D}{R_s}$$

式中:D 为每期固定的股利额。

2. 股利固定增长的股票估价模型

对于成长型的普通股票,其股利往往是增长的,若每期发放的股利是固定增长的,假设股利的增长率为 g,并满足固定的增长率 g 小于企业要求的必要收益率 k。则股票的投资价值可用下述模型计算:

$$V = \frac{D_0(1+g)}{R_s - g} = \frac{D_1}{R_s - g}$$

式中:D_0 为第 0 年的股利;

　　D_1 为第 1 年的股利。

三、实验资料

某公司真实权益净利率为 21%,每股股利为 6.18 元。预计未来 5 年的真实权益净利率分别为 19%、17%、15%、13%、11%,从第 6 年开始持续稳定在 9% 的水平。公司政策规定每年保留 70% 的收入,投资的必要报酬率为 9%,将其余的作为股息发放。预计未来的通货膨胀率为每年 3%。请建立模型评估该公司股票的价值。

四、实验指导

(1) 打开"实验 3.2"工作簿,选择"股票价值评估"工作表,在对应单元格输入如图 3.2.1 所示数据。

(2) 计算名义贴现率。名义贴现率=(1+实际贴现率)(1+通货膨胀率)−1。选择 B8 单元格,输入"=(1+$B$4)*(1+$B$3)−1",单击回车键,输出计算结果,如图 3.2.2 所示。

(3) 计算名义权益净利率。名义权益净利率=(1+实际权益净利率)(1

	A	B	C	D	E	F	G	H
1	**股票价值评估**							
2	基本条件							
3	通货膨胀率	3%						
4	投资必要报酬率	9%						
5	留存收益率	70%						
6								
7								
8								
9								
10		历史数据			第一期			第二期
11	期数	0	1	2	3	4	5	6
12	通货膨胀率		3%	3%	3%	3%	3%	3%
13	真实权益净利率	21%	19%	17%	15%	13%	11%	9%
14								

图 3.2.1 原始数据

	A	B
1	**股票价值评估**	
2	基本条件	
3	通货膨胀率	3%
4	投资必要报酬率	9%
5	留存收益率	70%
6		
7	输出值	
8	名义贴现率	12%

图 3.2.2 名义贴现率输出值

＋通货膨胀率)－1。选择 C14 单元格,输入"＝(1＋C13) ＊(1＋C12)－1",
按回车键确认,然后选中 C14 单元格,将光标放置在 C14 单元格的右下角,
当光标的形状变为细黑十字的时候,向右拖动到 C14:H14 单元格区域中,完
成对每年名义权益净利率的计算。输出结果见图 3.2.3 第 14 行名义权益净
利率。

	A	B	C	D	E	F	G	H
10		历史数据			第一期			第二期
11	期数	0	1	2	3	4	5	6
12	通货膨胀率		3%	3%	3%	3%	3%	3%
13	真实权益净利率	21%	19%	17%	15%	13%	11%	9%
14	名义权益净利率		23%	21%	18%	16%	14%	12%

图 3.2.3 名义权益净利率的计算

(4) 计算实际股利增长率。实际股利增长率＝本期实际权益净利率×留存收益率÷(1－本期实际权益净利率×留存收益率)。选择 C15 单元格,输入"＝C13＊＄B＄5/(1－C13＊＄B＄5)",按回车键确认,然后选中 C15 单元格,将光标放置在 C15 单元格的右下角,当光标的形状变为细黑十字的时候,向右拖动到 C15:H15 单元格区域中,完成对每年实际股利增长率的计算。输出结果见图 3.2.4 第 15 行实际股利增长率。

(5) 计算名义股利增长率。名义股利增长率＝(1＋实际股利增长率)(1＋通货膨胀率)－1。选择 C16 单元格,输入"＝(1＋C15)＊(1＋C12)－1",按回车键确认,然后选中 C16 单元格,将光标放置在 C16 单元格的右下角,当光标的形状变为细黑十字的时候,向右拖动到 C16:H16 单元格区域中,完成对每年名义股利增长率的计算。输出结果见图 3.2.4 第 16 行名义股利增长率。

	A	B	C	D	E	F	G	H
10		历史数据			第一期			第二期
11	期数	0	1	2	3	4	5	6
12	通货膨胀率		3%	3%	3%	3%	3%	3%
13	真实权益净利率	21%	19%	17%	15%	13%	11%	9%
14	名义权益净利率		23%	21%	18%	16%	14%	12%
15	实际股利增长率		15%	14%	12%	10%	8%	7%
16	名义股利增长率		19%	17%	15%	13%	12%	10%
17								

图 3.2.4 实际股利增长率,名义股利增长率的计算结果

(6) 计算每股股利。本期每股股利＝前一期每股股利×(1＋名义股利增长率)。选中 B17 单元格,输入已知数据 6.18。选中 C17 单元格,输入"＝B17＊(1＋C16)",按回车键确认,然后选中 C17 单元格,将光标放置在 C17 单元格的右下角,当光标的形状变为细黑十字的时候,向右拖动到 C17:H17 单元格区域中,完成对每年每股股利的计算。输出结果见图 3.2.5 每股股利的计算。

(7) 计算每股股票的延续价值。每股股票的延续价值＝下一期每股股利÷(名义贴现率－名义股利增长率)。选中 G18 单元格,输入"＝H17/(＄B＄8－＄H＄16)",按回车键确认,输出结果如图 3.2.6 所示。

	A	B	C	D	E	F	G	H
10		历史数据			第一期			第二期
11	期数	0	1	2	3	4	5	6
12	通货膨胀率		3%	3%	3%	3%	3%	3%
13	真实权益净利率	21%	19%	17%	15%	13%	11%	9%
14	名义权益净利率		23%	21%	18%	16%	14%	12%
15	实际股利增长率		15%	14%	12%	10%	8%	7%
16	名义股利增长率		19%	17%	15%	13%	12%	10%
17	每股股利	6.18	7.34	8.58	9.88	11.19	12.49	13.73

图 3.2.5　每股股利的计算

	A	B	C	D	E	F	G	H
10		历史数据			第一期			第二期
11	期数	0	1	2	3	4	5	6
12	通货膨胀率		3%	3%	3%	3%	3%	3%
13	真实权益净利率	21%	19%	17%	15%	13%	11%	9%
14	名义权益净利率		23%	21%	18%	16%	14%	12%
15	实际股利增长率		15%	14%	12%	10%	8%	7%
16	名义股利增长率		19%	17%	15%	13%	12%	10%
17	每股股利	6.18	7.34	8.58	9.88	11.19	12.49	13.73
18	每股的延续价值						585.60	

图 3.3.6　每股股票的延续价值

（8）计算每股股利与每股延续价值之和。选中 C19 单元格，输入"＝C17＋C18"，按回车键确认，然后选中 C19 单元格，将光标放置在 C19 单元格的右下角，当光标的形状变为细黑十字的时候，向右拖动到 C19：G19 单元格区域中，完成对每年每股股利与每股延续价值之和的计算。输出结果见图 3.2.7 第 19 行每股股利与每股延续价值之和。

（9）计算每股股利与每股延续价值之和的现值。选中 C20 单元格，输入"＝PV（＄B＄8，C11，，－C19）"，按回车键确认，然后选中 C20 单元格，将光标放置在 C20 单元格的右下角，当光标的形状变为细黑十字的时候，向右拖动到 C20：G20 单元格区域中，完成对每年每股股利与每股延续价值之和的现值的计算。输出结果见图 3.2.7 第 20 行每股股利与每股延续价值之和的现值。

（10）计算股票的价值。选中 B21 单元格，输入"＝SUM（C20：G20）"，按回车键确认，输出结果见图 3.2.7 第 21 行股票的价值。

	A	B	C	D	E	F	G	H
10		历史数据			第一期			第二期
11	期数	0	1	2	3	4	5	6
12	通货膨胀率		3%	3%	3%	3%	3%	3%
13	真实权益净利率	21%	19%	17%	15%	13%	11%	9%
14	名义权益净利率		23%	21%	18%	16%	14%	12%
15	实际股利增长率		15%	14%	12%	10%	8%	7%
16	名义股利增长率		19%	17%	15%	13%	12%	10%
17	每股股利	6.18	7.34	8.58	9.88	11.19	12.49	13.73
18	每股的延续价值						585.60	
19	每股股利与每股延续价值之和		7.34	8.58	9.88	11.19	598.09	
20	每股股利与每股延续价值之和的现值		6.54	6.81	6.98	7.05	335.31	
21	股票的价值	362.69						
22								

图 3.2.7　股票价值的计算

五、实验结论

股票的价值是所持股票未来现金流量的现值总和。Gordon 模型计算股票价值是假定未来股票存在一个固定的增长率，在使用 Gordon 模型计算股票价值时，未来增长率以及贴现率的估测起到至关重要的作用。我们假设一般情况下，股利会随着企业的发展，先经过一个不稳定的波动过程，之后以某一个固定的增长率增长，如上述案例所示。此外，不要忽略通货膨胀对股票价值的影响。

第4章

筹资决策

实验 4.1　负 债 筹 资

一、实验目的

1. 掌握利用 Excel 表格计算长期借款的每年偿还额、偿还的利息和本金的方法；

2. 掌握 PMT、PPMT、IPMT 函数的使用方法。

二、实验原理

(一) 长期借款筹资

长期负债是指偿还期在 1 年以上的债务。企业利用长期负债方式筹集资金能降低财务风险,保证生产经营资金的需要。以银行长期借款为例,企业申请取得长期借款的基本程序为:提出借款申请、银行审核申请、签订借款合同、企业取得借款、企业归还借款。一般而言,归还贷款的方式主要以下几种:

(1) 到期日一次归还。在这种方式下,还贷集中,借款企业需于贷款到期日前做好准备,以保证全部清偿到期贷款。

(2) 定期偿还相等份额的本息。即在到期日之前定期偿还相同的金额,至贷款到期日还清全部本息。这种方式实际上是一种普通年金,其中,本金可视作年金现值 P,利率即为贴现率 i,贷款期限即为年限 n。则每年还款额即为年金值 A,其计算公式如下:

$$A = \frac{P}{(P/A,\ i,\ n)}$$

(3) 部分分期等额偿还。即对借款中的一部分用分期偿还的方式还本付息,其余部分则到期一次还本付息。

(4) 分期付息,到期还本。即在借款期内每年付息,到期一次性地归还本金。对借款企业来讲,平时支付利息的压力不大,但到期偿还本金的压力较大。有时,银行会要求企业建立偿债基金。

(5) 分期等额还本,余额计息。即每年等额地归还本金,利息则按年初的本金计算。

(二) 相关函数

1. PMT( )

功能:计算在固定利率下,贷款的等额分期偿还额。

语法:PMT(Rate, Nper, Pv, Fv, Type)

式中:Rate 为各期利率。

Nper 为总投资期或者贷款期,即该项投资或贷款的付款期总数。

Pv 为从该项贷款开始计算时已经入账的款项。

Type 为逻辑值 0 或 1,用以指定付款时间在期初还是期末。如果为 1,付款在期初;如果为 0 或者忽略,付款在期末。

2. IPMT( )

功能:返回在定期偿还、固定利率条件下给定期次内某项贷款偿还的利息部分。

语法:IPMT(Rate, Per, Nper, Pv, Fv)

式中:Per 用于计算利息的期次,它必须介于 1 和付息总次数 Nper 之间。

3. PPMT( )

功能:返回在定期偿还、固定利率条件下给定期次内某项贷款偿还的本金

部分。

语法:PPMT(Rate,Per,Nper,Pv,Fv)

三、实验资料

某企业从建行取得 500 万元的贷款,期限 8 年,利率 8%。若要求按年度定期等额偿还本息,求每年还款额。如果采用按年度等额还本、余额计息的方式归还,计算每年还本付息额。

四、实验指导

(一) 等额法计算还本付息额

(1) 打开"实验 4.1"工作簿,选择"负债筹资"工作表,输入如图 4.1.1 所示数据。

	A	B	C	D	E
1	基本条件				
2	贷款金额（元）	500,000			
3	贷款期限（年）	8			
4	贷款年率	8%			
5					
6	定额偿还相等份额本息的长期借款还本付息额				
7	年	年偿还额	支付利息	偿还本金	剩余本金
8	0				500,000
9	1				
10	2				
11	3				
12	4				
13	5				
14	6				
15	7				
16	8				
17	合计				
18					
19					

图 4.1.1　原始数据

(2) 计算每年偿还金额。选中 B9 单元格,在编辑栏内输入"=PMT(",单击 f_x 按钮,打开如图 4.1.2 所示的 PMT 函数参数对话框。在"Rate"参数后输入"＄B＄4","Nper"参数后输入"＄B＄3","Pv"参数后输入"－＄B＄2"(注意:为了使得最终的计算结果为一正数,代表现金流入的"Pv"参数用了负数进行表

示）。单击"确定"按钮,完成利用 PMT 函数计算长期借款的每期偿还额。再次选中 B9 单元格,将鼠标置于右下角,出现填充柄的时候向下拖动,将公式复制到 B10:B16 区域,完成对每年还款额的计算。输出结果如图 4.1.3 所示。

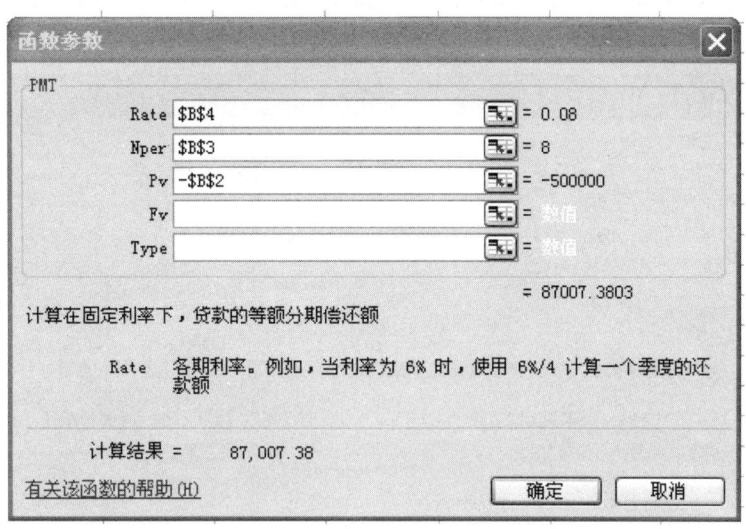

图 4.1.2 PMT 函数参数对话框

	A	B	C	D	E
6	定期偿还相等份额本息的长期借款还本付息额				
7	年	年偿还额	支付利息	偿还本金	剩余本金
8	0				500,000.00
9	1	87,007.38			
10	2	87,007.38			
11	3	87,007.38			
12	4	87,007.38			
13	5	87,007.38			
14	6	87,007.38			
15	7	87,007.38			
16	8	87,007.38			
17	合计				

图 4.1.3 年偿还额输出结果

（3）计算每年支付的利息,选中 C9 单元格,在编辑栏内输入"=IPMT(",单击 *fx* 按钮,打开如图 4.1.4 所示的 IPMT 函数参数对话框。在"Rate"参数后输入"＄B＄4",在"Per"参数后输入"A9","Nper"参数后输入"＄B＄3",

"Pv"参数后输入"－＄B＄2",单击"确定"按钮,完成利用 IPMT 函数计算长期借款每期支付的利息。也可以在 C9 单元格"＝E8 ＊ ＄B＄4"再次选中 C9 单元格,将鼠标置于右下角,出现填充柄的时候向下拖动,将公式复制到 C10: C16 区域,完成对每年还款额的计算。输出结果如图 4.1.5 所示。

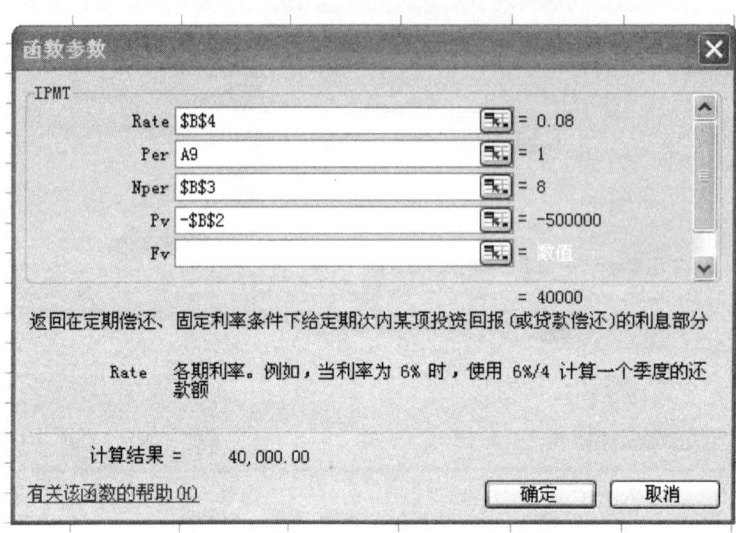

图 4.1.4 IPMT 函数参数对话框

	A	B	C	D	E
6	定额偿还相等份额本息的长期借款还本付息额				
7	年	年偿还额	支付利息	偿还本金	剩余本金
8	0				500,000
9	1	87,007.38	40,000.00		
10	2	87,007.38	36,239.41		
11	3	87,007.38	32,177.97		
12	4	87,007.38	27,791.62		
13	5	87,007.38	23,054.36		
14	6	87,007.38	17,938.12		
15	7	87,007.38	12,412.58		
16	8	87,007.38	6,444.99		
17	合计				

图 4.1.5 年支付利息的输出结果

（4）计算每年偿还的本金。选中 D9 单元格,在编辑栏内输入"＝PPMT（",单击 *fx* 按钮,打开如图 4.1.6 所示的 PPMT 函数参数对话框。在"Rate"

参数后输入"＄B＄4"，在"Per"参数后输入"A9"，"Nper"参数后输入"＄B＄3"，"Pv"参数后输入"－＄B＄2"，单击"确定"按钮，完成利用 IPMT 函数计算长期借款每期支付的利息。也可以在 D9 单元格"＝B9－C9"再次选中 D9 单元格，将鼠标置于右下角，出现填充柄的时候向下拖动，将公式复制到 D10∶D16 区域，完成对每年还款额的计算。输出结果如图 4.1.7 所示。

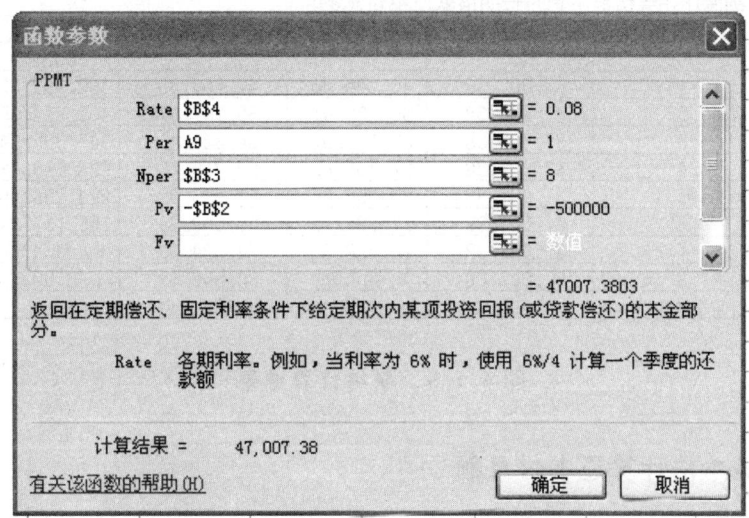

图 4.1.6　PPMT 函数参数对话框

	A	B	C	D	E
6	定额偿还相等份额本息的长期借款还本付息额				
7	年	年偿还额	支付利息	偿还本金	剩余本金
8	0				500,000
9	1	87,007.38	40,000.00	47,007.38	
10	2	87,007.38	36,239.41	50,767.97	
11	3	87,007.38	32,177.97	54,829.41	
12	4	87,007.38	27,791.62	59,215.76	
13	5	87,007.38	23,054.36	63,953.02	
14	6	87,007.38	17,938.12	69,069.26	
15	7	87,007.38	12,412.58	74,594.80	
16	8	87,007.38	6,444.99	80,562.39	
17	合计				
18					

图 4.1.7　每年偿还本金的输出结果

（5）计算每年剩余本金。选中 E9 单元格，输入"＝E8－D9"，单击回车键输出结果。再次选中E9单元格，将鼠标置于右下角，出现填充柄的时候向下拖动，将公式复制到E10:E16区域，完成对每年剩余本金的计算。最后在B17单元格输入"＝SUM(B9:B16)"，单击回车键输出年偿还额合计数，再将公式复制到C17和D17单元格。计算结果如图4.1.8所示。

	A	B	C	D	E
6	定额偿还相等份额本息的长期借款还本付息额				
7	年	年偿还额	支付利息	偿还本金	剩余本金
8	0				500,000
9	1	87,007.38	40,000.00	47,007.38	452,992.62
10	2	87,007.38	36,239.41	50,767.97	402,224.65
11	3	87,007.38	32,177.97	54,829.41	347,395.24
12	4	87,007.38	27,791.62	59,215.76	288,179.48
13	5	87,007.38	23,054.36	63,953.02	224,226.46
14	6	87,007.38	17,938.12	69,069.26	155,157.19
15	7	87,007.38	12,412.58	74,594.80	80,562.39
16	8	87,007.38	6,444.99	80,562.39	0.00
17	合计	696,059.04	196,059.04	500,000.00	

图4.1.8 最终计算结果

(二) 等本法计算还本付息额

(1) 打开"实验4.1"工作簿，选择"负债筹资"工作表，输入如图4.1.9所示数据。

	A	B	C	D	E
19	分期等额还本法下的长期借款还本付息额				
20	年	年偿还额	支付利息	偿还本金	剩余本金
21	0				500,000
22	1				
23	2				
24	3				
25	4				
26	5				
27	6				
28	7				
29	8				
30	合计				

图4.1.9 等本法表格

(2) 计算每年偿还的本金。可利用数组公式，选中D22:D29区域，在编辑

栏内输入"＝B2/B3"，单击 Ctrl＋Shift＋Enter 键，输出计算结果，如图 4.1.10 所示。

	D22	▼	f_x {=B2/B3}		
	A	B	C	D	E
19	分期等额还本法下的长期借款还本付息额				
20	年	年偿还额	支付利息	偿还本金	剩余本金
21	0				500,000
22	1			62500	
23	2			62500	
24	3			62500	
25	4			62500	
26	5			62500	
27	6			62500	
28	7			62500	
29	8			62500	
30	合计				
31					

图 4.1.10　每年偿还本金的计算结果

（3）计算每年的剩余本金。选中 E22 单元格，输入"＝E21－D22"，单击回车键输出计算结果。再选中 E22，将鼠标置于右下角，出现填充柄的时候向下拖动，将公式复制到 E23:E29 区域，完成对每年剩余本金的计算。输出结果如图 4.1.11 所示。

	A	B	C	D	E
19	分期等额还本法下的长期借款还本付息额				
20	年	年偿还额	支付利息	偿还本金	剩余本金
21	0				500,000
22	1			62500	437,500
23	2			62500	375,000
24	3			62500	312,500
25	4			62500	250,000
26	5			62500	187,500
27	6			62500	125,000
28	7			62500	62,500
29	8			62500	0
30	合计				
31					

图 4.1.11　每年剩余本金的计算结果

（4）计算每年支付的利息。选中 C22 单元格，输入"＝E21＊＄B＄4"，单击回车键输出计算结果。再选中 D22，将鼠标置于右下角，出现填充柄的时候向下拖动,将公式复制到 D23:D29 区域,完成对每年剩余本金的计算。输出结果如图 4.1.12 所示。

	A	B	C	D	E
19	分期等额还本法下的长期借款还本付息额				
20	年	年偿还额	支付利息	偿还本金	剩余本金
21	0				500,000
22	1		40000	62500	437,500
23	2		35000	62500	375,000
24	3		30000	62500	312,500
25	4		25000	62500	250,000
26	5		20000	62500	187,500
27	6		15000	62500	125,000
28	7		10000	62500	62,500
29	8		5000	62500	0
30	合计				

图 4.1.12 每年支付利息的计算结果

(5)计算年偿还额。利用数组公式,选中 B22:B29 区域,在编辑栏内输入"=C22:C29＋D22:D29",单击 Ctrl＋Shift＋Enter 键,输出计算结果,如图 4.1.13所示。

B22	▼	f_x {=C22:C29+D22:D29}			
	A	B	C	D	E
19	分期等额还本法下的长期借款还本付息额				
20	年	年偿还额	支付利息	偿还本金	剩余本金
21	0				500,000
22	1	102500	40000	62500	437,500
23	2	97500	35000	62500	375,000
24	3	92500	30000	62500	312,500
25	4	87500	25000	62500	250,000
26	5	82500	20000	62500	187,500
27	6	77500	15000	62500	125,000
28	7	72500	10000	62500	62,500
29	8	67500	5000	62500	0
30	合计				

图 4.1.13 年偿还额的计算结果

(6)选中 B30 单元格,输入"＝SUM(B22:B29)"单击回车键输出计算结果。再将该公式复制到 C30 和 D30 单元格,完成最后的计算。

五、实验结论

不同还款方式下,企业的总偿还额、年偿还额是各不相同的,应选择对企业最有利的还款方式。此外,利用 PMT、IPMT、PPMT 函数,可以方便等额还款方式下各个相关指标的计算。同时注意掌握数组公式的运用,提高效率。

实验 4.2　租　赁　筹　资

一、实验目的

掌握利用组合框等窗体控件对租赁筹资决策进行分析。

二、实验原理

租赁的基本特征是承租人向出租人承诺提供一系列的现金支付,租赁费用的经济内容包括出租人的全部出租成本和利润。租金的支付形式有先付和后付两种方式,每期应付租金的方法有很多,最常见的是平均分摊法和等额年金法。在我国的融资租赁实务中,大多采用等额年金法。

等额年金法是运用年金现值的计算原理计算每次应付租金的方法。在这种方法下,通常以利息率作为贴现率。

(1) 后付租金的计算。承租人与出租人商定的租金支付方式,大多为后付等额租金,即普通年金。其计算公式为:

$$A = \frac{P}{(P/A, \ i, \ n)}$$

(2) 先付年金的计算。根据即付年金的现值公式,可得出先付等额租金的计算公式:

$$A = \frac{P}{(P/A, \ i, \ n-1)+1}$$

三、实验资料

某企业打算从租赁公司租入一套生产用设备,预计租赁期限为 8～10 年,租金可采用期初或期末支付的方式,每年付款次数 1～4 次,租金年利率 8%～15%。现有 A、B、C、D、E5 家租赁公司提供了租赁方案,如表 4.2.1 所示。

表 4.2.1   各种租赁方案的基本情况表

备选方案	设备名称	租金总额(万元)	支付方法
A 租赁方案	X1	135	先付
B 租赁方案	X2	170	后付
C 租赁方案	X3	200	后付
D 租赁方案	X4	80	先付
E 租赁方案	X5	260	后付

要求:建立租赁筹资分析模型,按等额年金法计算不同方案下每期应支付的租金。

四、实验指导

(1) 打开"实验 4.2"工作簿,选择"租赁筹资"工作表,选中单元格 B3:E8,单击"公式-根据所选内容创建",出现如图 4.2.1 所示对话框。选中"首行",以及"最左列"两项,对所选区域进行名称指定。

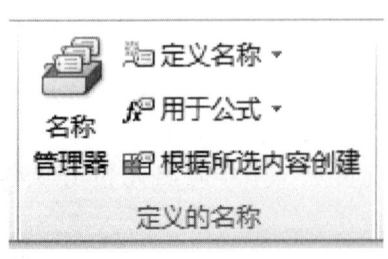

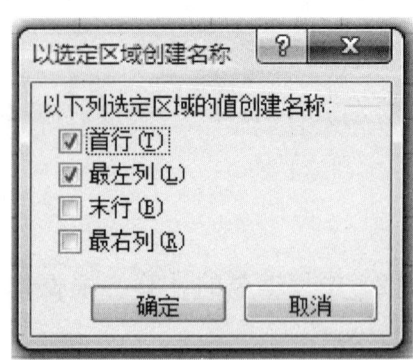

图 4.2.1   指定名称

（2）建立租赁筹资分析模型。在 Excel 中输入如图 4.2.2 所示信息。

	A	B	C	D	E
1		基本条件			
2			租赁公司价格表		
3		备选方案	设备名称	租金总额	支付方法
4		A租赁方案	X1	1,350,000.0	先付
5		B租赁方案	X2	1,700,000.0	后付
6		C租赁方案	X3	2,000,000.0	后付
7		D租赁方案	X4	800,000.0	先付
8		E租赁方案	X5	2,600,000.0	后付
9					
10		租赁筹资分析模型			
11		租赁方案名称			
12		租金			
13		支付租金方法			
14		每年付款次数			
15		租赁年利率			
16		租赁年限			
17		总付款次数			
18		每期应付租金			

图 4.2.2　建立租赁筹资分析模型

（3）首先选择"文件—选项—自定义功能区"，勾选"主选项卡"中的"开发工具"。然后选择"开发工具—插入"出现控件选项，如图 4.2.3 所示。

图 4.2.3　插入窗体控件

（4）选中"组合框"按钮，当光标变成"十"字，从单元格 C11 的左上角拖到右下角。生成组合框控件如图 4.2.4 所示。

	A	B	C	I
10		租赁筹资分析模型		
11		租赁方案名称	▼	
12		租金		
13		支付租金方法		
14		每年付款次数		
15		租赁年利率		
16		租赁年限		
17		总付款次数		
18		每期应付租金		
19				
20				

图 4.2.4　建立组合框控件

（5）右击单元格 C11 的组合框，然后单击小菜单上的"设置控件格式"。单击"控制"选项卡，在"数据源区域"选中"＄B＄4：＄B＄8"，"单元格链接"选择"＄A＄11"，表示组合框控件当前被选中项目按项目内部编号在 A11 单元格返回。"1"表示"A 租赁方案"，"2"表示"B 租赁方案"，"3"表示"C 租赁方案"，"4"表示"D 租赁方案"，"5"表示"E 租赁方案"，如图 4.2.5 所示。返回结果如图 4.2.6 所示。

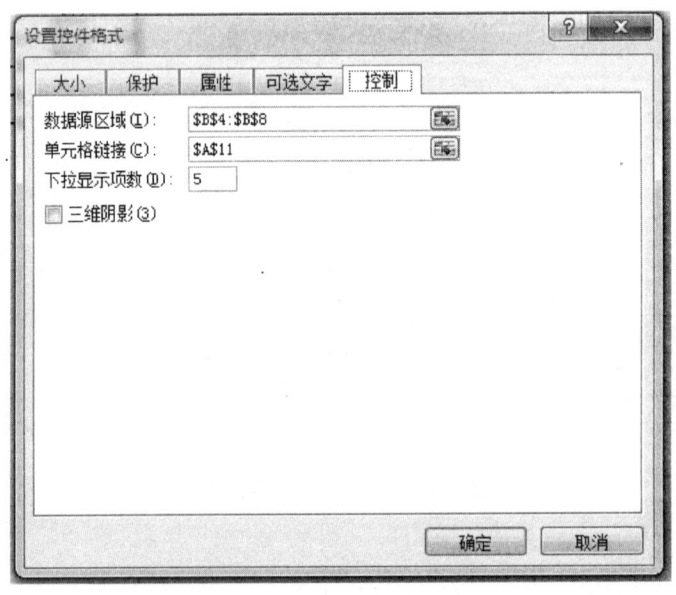

图 4.2.5　设置控件格式

	A	B	C
10		租赁筹资分析模型	
11	3	租赁方案名称	C租赁方案
12		租金	
13		支付租金方法	
14		每年付款次数	
15		租赁年利率	
16		租赁年限	
17		总付款次数	
18		每期应付租金	
19			

图 4.2.6　设置控件格式输出结果

（6）选择 C12 单元格，输入"=INDEX（租金总额，A11）"。选中 C13 单元格，输入"=INDEX（支付方法，A11）"。两单元格内内容，将随着 C11 单元格选择项目的变化，自动作出相应调整，返回对应位置的值，如图 4.2.7 所示。

	A	B	C
10		租赁筹资分析模型	
11	3	租赁方案名称	C租赁方案
12		租金	2,000,000
13		支付租金方法	后付
14		每年付款次数	
15		租赁年利率	
16		租赁年限	
17		总付款次数	
18		每期应付租金	
19			
20			

图 4.2.7　租金和支付方法的输出结果

（7）在"开发工具—插入"选项，点击"数值调节钮"按钮 ，当光标变成"十"字，从单元格 D14 的左上角拖到右下角，生成数值调节钮控件。然后右击单元格 D14 的微调项，然后单击小菜单上的"设置控件格式"（见图 4.2.8）。单击"控制"选项卡，"最小值"设置为 1，"最大值"设置为 4，"步长"设置为 1，"单元格链接"选择"＄A＄14"，单击确定键，输出结果。

再选中 C14 单元格，输入"=A14"，使数值调节钮控件的调整结果可以反

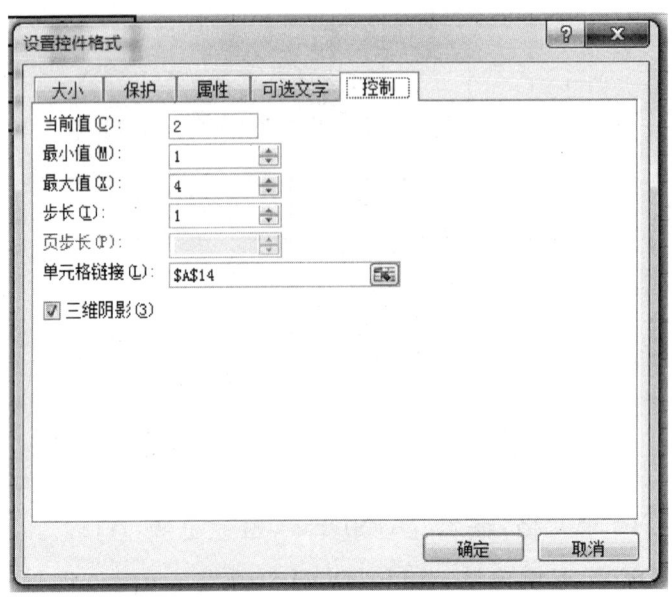

图 4.2.8　设置数值调节钮控件格式

映在 C14 单元格,输出结果如图 4.2.9 所示。

	A	B	C	D
10		租赁筹资分析模型		
11	2	租赁方案名称	B租赁方案 ▼	
12		租金	1,700,000	
13		支付租金方法	后付	
14	2	每年付款次数	2	
15		租赁年利率		
16		租赁年限		
17		总付款次数		
18		每期应付租金		
19				

图 4.2.9　数值调节钮控件输出结果

(8) 在"开发工具—插入"选项,点击"滚动条"按钮 ,当光标变成"十"字,从单元格 D15 的左上角拖到右下角,生成"滚动条"控件。右击单元格 D15 的微调项,然后单击小菜单上的"设置控件格式"(见图 4.2.10)。单击"控制"选项卡,"最小值"设置为 8,"最大值"设置为 15,"步长"设置为 1,"单元格链接"选择"＄A＄15",单击确定键,输出结果。

设置控件格式

大小	保护	属性	可选文字	**控制**

当前值(C):　　10

最小值(M):　　8

最大值(X):　　15

步长(I):　　1

页步长(P):　　10

单元格链接(L):　　$A$15

☑ 三维阴影(3)

确定　　取消

图 4.2.10　设置滚动条控件格式

再选中 C15 单元格,输入"＝A15/100",使滚动条控件的调整结果可以反映在 C15 单元格,输出结果如图 4.2.11 所示。

	C15	▼	*fx*	=A15/100
	A	B	C	D
10		租赁筹资分析模型		
11	2	租赁方案名称	B租赁方案 ▼	
12		租金	1,700,000	
13		支付租金方法	后付	
14	2	每年付款次数	2	
15	8	租赁年利率	8%	
16		租赁年限		
17		总付款次数		
18		每期应付租金		
19				

图 4.2.11　滚动条控件输出结果

(9) 在"开发工具—插入",点击"数值调节钮"按钮 ，当光标变成"十"字,从单元格 D16 的左上角拖到右下角,生成数值调节钮控件。右击单元格

D16 的微调项,然后单击小菜单上的"设置控件格式"(见图 4.2.12)。单击"控制"选项卡,"最小值"设置为 8,"最大值"设置为 10,"步长"设置为 1,"单元格链接"选择"＄A＄16",单击确定键,输出结果。

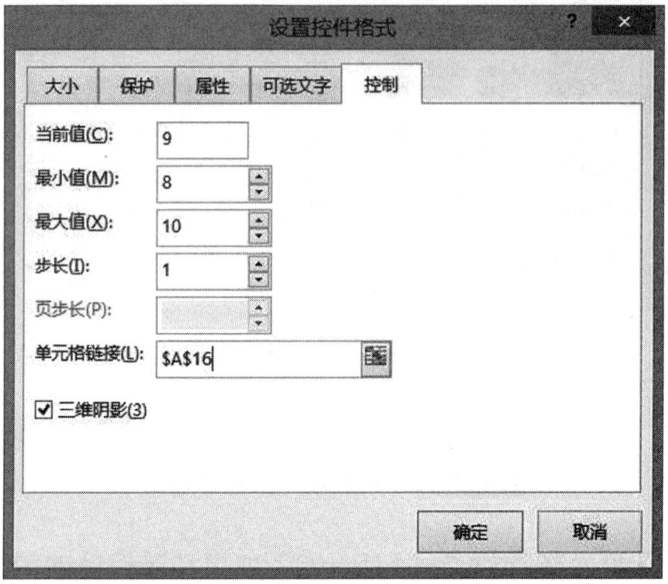

图 4.2.12　设置数值调节钮控件格式

再选中 C16 单元格,输入"＝A16",使数值调节钮控件的调整结果可以反映在 C16 单元格,输出结果如图 4.2.13 所示。

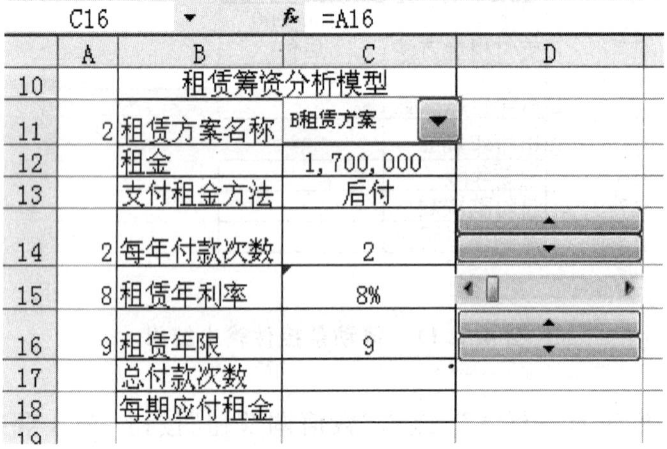

	A	B	C	D
10		租赁筹资分析模型		
11	2	租赁方案名称	B租赁方案	
12		租金	1,700,000	
13		支付租金方法	后付	
14	2	每年付款次数	2	
15	8	租赁年利率	8%	
16	9	租赁年限	9	
17		总付款次数		
18		每期应付租金		

C16　　fx　=A16

图 4.2.13　租赁年限输出结果

（10）选中 C17 单元格，输入"＝C14＊C16"，单击回车键，输出计算结果。

（11）选中 C18 单元格，输入"＝PMT(C15/C14,C17,－C12,,IF(C13＝"先付",1,0))"，单击回车键，输出计算结果。输出结果如图 4.2.14 所示。

	A	B	C	D	E	F
			C18	▼	fx	=PMT(C15/C14,C17,-C12,,IF(C13="先付",1,0))
10		租赁筹资分析模型				
11	2	租赁方案名称	B租赁方案 ▼			
12		租金	1,700,000			
13		支付租金方法	后付			
14	2	每年付款次数	2			
15	8	租赁年利率	8%			
16	9	租赁年限	9			
17		总付款次数	18			
18		每期应付租金	￥134,288.66			

图 4.2.14　每期应付租金的计算结果

为了防止错误操作造成 A10:A18 区域中数据的改动，可以将 A 列隐藏起来。选定 A 列，单击右键，在小菜单中选择"隐藏"命令，A 列就被隐藏起来。若要再显示 A 列，可以选择"取消隐藏"命令。

五、实验结论

使用组合框、滚动条等控件计算筹资租赁各个方案的每期应付租金，大大节省了计算时间，便于决策。

实验 4.3　资本成本与资本结构

一、实验目的

1. 掌握利用每股收益无差别点进行筹资方案的选择；

2. 掌握通过企业价值分析确定筹资方案的方法。

二、实验原理

(一) 经营杠杆与经营风险

1. 经营杠杆

所谓经营杠杆,是指在某一固定成本比重的作用下,销售量变动对息税前利润产生的作用。经营杠杆的大小可以用经营杠杆系数(Degree of Operating Leverage,DOL)来表示,它是企业息税前利润变动率与销售量变动率之间的比率。用公式表示为:

$$DOL = \frac{\frac{\Delta EBIT}{EBIT}}{\frac{\Delta Q}{Q}}$$

式中:DOL 为经营杠杆系数;

$\Delta EBIT$ 为息税前利润变动额;

$EBIT$ 为变动前息税前利润;

ΔQ 为销售量变动额;

Q 为变动前销售量。

在实际的计算工作中,为了计算的方便,往往将上述公式加以简化。

在考虑单一产品的情况下,如果以 P、V、FC 分别表示产品销售单价、单位变动成本和总固定成本,则有下面的关系:

$$\begin{aligned} EBIT &= QP - QV - F \\ &= Q(P-V) - F \end{aligned}$$

式中:P 为产品销售单价;

V 为产品单位变动成本;

F 为固定成本。

而 $\qquad \Delta EBIT = \Delta Q(P-V)$

将这两个公式代入前面的经营杠杆系数的计算公式可得:

$$DOL = \frac{\frac{\Delta EBIT}{EBIT}}{\frac{\Delta Q}{Q}} = \frac{\frac{\Delta Q(P-V)}{Q(P-V)-F}}{\frac{\Delta Q}{Q}}$$

$$= \frac{Q(P-V)}{Q(P-V)-F}$$

2. 财务杠杆

财务杠杆是指资本结构中债务的运用对普通股每股收益的影响能力。财务杠杆的大小可以用财务杠杆系数(Degree of Financial Leverage，DFL)来表示，它是每股收益的变化率与息税前利润变化率的比率。用公式表示为：

$$DFL = \frac{\frac{\Delta EPS}{EPS}}{\frac{\Delta EBIT}{EBIT}}$$

式中：DFL 为财务杠杆系数；

ΔEPS 为普通股每股税后利润变动额；

EPS 为普通股每股税后利润。

公式可以变形为：

$$DFL = \frac{EBIT}{EBIT - I}$$

(二) EBIT-EPS 平衡分析法

每股股票税后收益的提高往往是股东所追求的，所以我们在考虑企业的负债比例时，可以将是否提高每股收益(EPS)作为判断企业筹资方案是否合理的一个标准。

根据财务杠杆的原理，随着企业息税前利润(EBIT)的增加，高负债资本结构下每股收益的增长速度会超过低负债资本结构下每股收益的增长速度。所以，在某一个 EBIT 的水平达到之前，低负债资本结构下的 EPS 会超过高负债资本结构下的 EPS；而超过这一 EBIT 的水平之后，高负债资本结构下的 EPS 则会超过低负债资本结构下的 EPS。也就是说，存在一个 EBIT 的水平，在这一水平时，高负债资本结构和低负债资本结构的每股收益相同。这一

$EBIT$ 的水平就称为每股收益无差别点(用 $\overline{EBIT}$ 表示)。

由于每股收益的计算公式为:

$$EPS = \frac{(EBIT - I)(1 - T)}{N}$$

式中:$EBIT$ 为息税前收益;

I 为债务利息;

T 为所得税税率;

N 为流通在外的普通股股数。

如果用 EPS_1 和 EPS_2 分别表示两个不同融资方案的每股收益,那么在每股收益无差别点上,有 $EPS_1 = EPS_2$。即:

$$\frac{(\overline{EBIT} - I_1)(1 - T)}{N_1} = \frac{(\overline{EBIT} - I_2)(1 - T)}{N_2}$$

将两种资本结构对应的利息数额、优先股股利、普通股股数和所得税率代入上式,就可以得到使两种筹资方式的 EPS 相等的息税前利润的水平 $\overline{EBIT}$,即每股收益无差别点。

(三) 风险-收益均衡分析

在 EBIT-EPS 均衡分析中,我们是将每股收益的大小作为评判筹资方式优劣的标准。但是,仅从每股收益的大小考虑是有缺陷的。每股收益的增长并不一定对应着股价的增长,因为在每股收益增长的同时,每股股票承担的风险也增加了。如果每股收益增长时,由于风险的增加,股票的价格却下降了,那么企业的价值也会降低。所以从企业价值最大的标准出发,最佳的资本结构应是使企业总价值最大的资本结构,而不一定是使每股收益最大的资本结构。

企业的总价值等于企业权益的总价值与债券的总价值之和。用公式表示为:

$$V = S + B$$

式中:V 为企业市场总价值;

S 为企业权益的市场价值;

B 为企业债券的市场价值。

如果假设企业债券的市场价值等于它的面值,计算就得以简化。只要我们能够算出企业权益的市场价值,再将其与企业债券的面值相加就可以得到企业的市场价值。

权益的市场价值可以通过下式计算:

$$S = \frac{(EBIT - I)(1 - T)}{K_S}$$

式中:K_S 为权益资本成本。

在权益资本成本的诸多确定方法中,资本资产定价方法既考虑了股票的收益,又考虑了股票的风险,用于计算权益资本的成本较为合理。

$$K_S = R_F + \beta(R_M - R_F)$$

在此基础上,我们还可以计算企业的加权平均资本成本。计算的方法是用债券价值和股票价值占企业市场价值的比例作为权重,分别乘以两种资本的个别资金成本,再求和。

$$K_W = K_b\left(\frac{B}{V}\right)(1 - T) + K_S\left(\frac{S}{V}\right)$$

式中:K_b 为税前债务资本成本。

三、实验资料

(1) A、B、C 三家公司的资本结构和基本资料如表 4.3.1 所示。请计算三家企业的债务利息、税前盈余、所得税(税率 25%)、税后盈余、财务杠杆系数、普通股每股收益和净资产收益率。

表 4.3.1　三家企业的基本情况　　　　　　金额单位:元

项目	A公司	B公司	C公司
普通股本	5 000 000	3 000 000	2 000 000
发行股数	100 000	60 000	40 000

（续表）

项目	A 公司	B 公司	C 公司
债务总额	0	2 000 000	3 000 000
利率	8%	8%	8%
资本总额	5 000 000	5 000 000	5 000 000
息税前盈余	600 000	600 000	600 000

（2）假设某企业原来的资本结构情况为：债务资本 400 万元，债务年利息 40 万元，普通股资本 600 万元（10 万股）。由于业务需要，企业需融资 600 万元，融资后，企业的年息税前利润将达到 200 万元，企业的所得税率为 25%。为了筹集所需的 600 万元，企业可以选用的融资方案有两个：

方案 1：全部采用发行普通股方式，增发 10 万股，每股 60 元；

方案 2：全部采用借入长期债务方式，年利率 10%，年利息 60 万元。

要求：通过每股收益无差别点分析，对筹资方案进行决策。

（3）某公司无债务，年息税前利润为 600 万元，股票账面价值 2 000 万元，企业所得税税率为 25%。该公司计划改变现有的资本结构，准备用发行债券购回部分股票的方法进行调整。为此，公司向咨询机构咨询了债务规模对债务资本成本和权益资本成本的影响的情况，在市场无风险报酬率 R_f 为 10%，股票平均风险报酬率 R_m 为 16% 的情况下，影响情况如表 4.3.2 所示。

表 4.3.2　不同债券规模下企业的债务资本成本

债券的市场价值 B（万元）	税前债务资本成本 Kb	股票 β 值
0	0.0%	1.1
200	10.0%	1.2
400	10.0%	1.25
600	12.0%	1.3
800	12.0%	1.35
1 000	14.0%	1.6
1 200	16.0%	2.2

要求:确定实现最优资本结构的筹资方案。

四、实验指导

(一)财务杠杆的计算

(1)打开"实验4.3"工作簿,选择"财务杠杆"工作表,根据资料(1)输入已知数据,并建立计算表格,如图4.3.1所示。

	A	B	C	D
1	财务杠杆系数计算与分析			
2		A公司	B公司	C公司
3	普通股本	5000000	3000000	2000000
4	发行股数	100000	60000	40000
5	债务总额	0	2000000	3000000
6	利率	8%	8%	8%
7	资本总额	5000000	5000000	5000000
8	息税前盈余	600000	600000	600000
9	计算分析			
10	债务利息			
11	税前盈余			
12	所得税(税率25%)			
13	税后盈余			
14	财务杠杆系数			
15	普通股每股收益			
16	净资产收益率			

图 4.3.1　原始数据

(2)参考表4.3.2,利用相应公式进行计算。

表 4.3.2　不同债券规模下企业的债务资本成本

单元格	公式
B10:D10	{=B5:D5 * B6:D6}
B11:D11	{=B8:D8−B10:D10}
B12:D12	{=B11:D11 * 25%}
B13:D13	{=B11:D11−B12:D12}
B14:D14	{=B8:D8/B11:D11}
B15:D15	{=B13:D13/B4:D4}
B16:D16	{=B13:D13/B3:D3}

（3）计算结果如图 4.3.2 所示。

	A	B	C	D
9	计算分析			
10	债务利息	0	160000	240000
11	税前盈余	600000	440000	360000
12	所得税（税率25%）	150000	110000	90000
13	税后盈余	450000	330000	270000
14	财务杠杆系数	1.00	1.36	1.67
15	普通股每股收益	4.50	5.50	6.75
16	净资产收益率	9.00%	11.00%	13.50%

图 4.3.2　计算结果

（二）筹资方案比选

（1）打开"实验 4.3"工作簿，选择"筹资方案比选"工作表，根据资料（2）的已知条件计算每股收益无差别点的息税前利润额。已知条件如图 4.3.3 所示。

	A	B	C	D	E	F	G
1	资料一						
2		现有资本构成			其他资料		
3	资本	金额（万元）	年利息（万元）	股份（万股）	所得税税率T	25%	
4	长期债券	400	40		息税前利润EBIT（万元）	200	
5	普通股	600		10			
6	合计	1000					
7				备选筹资方案			
8		资本	金额（万元）	利率	年利息（万元）	股份（万股）	股价（元/股）
9	方案1	普通股	600			10	60
10	方案2	长期债券	600	10%	60		

图 4.3.3　原始数据

（2）通过公式求解法计算每股收益无差别点的息税前利润。根据公式 $\dfrac{(\overline{EBIT}-I_1)(1-T)}{N_1}=\dfrac{(\overline{EBIT}-I_2)(1-T)}{N_2}$ 推导出每股收益无差别点的息税前利润计算公式 $EBIT=(N_1 I_2 - N_2 I_1)/(N_1 - N_2)$。选中 B26 单元格，输入"＝((E10＋C4)＊(F9＋D5)－C4＊D5)/F9"，单击回车键，输出计算结果。再选中 C26，输入"＝IF(F4＞B26,"方案 2","方案 1")"，完成对筹资方案的选择。

（3）利用单变量求解法计算每股收益无差别点的 *EBIT*。选中 D27 单元

格,输入"＝(B27－C4)＊(1－F3)/(D5＋F9)－(B27－C4－E10)＊(1－F3)/
D5"。在"数据"选项卡上选择"模拟分析——单变量求解",出现"单变量求解
对话框",如图4.3.4所示。在"目标单元格"框中输入D27,在"目标值"框中
输入0,在"可变单元格"框中输入B27,然后单击"确定",完成单变量求解的
计算。

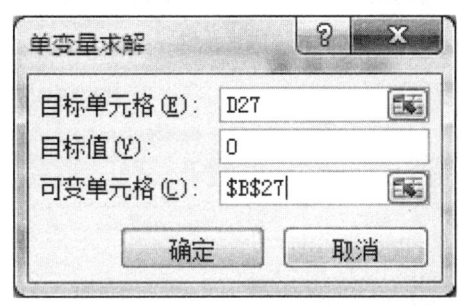

图 4.3.4 单变量求解对话框

(4)利用规划求解法计算每股收益无差别点的 $EBIT$。选择"文件——
选项",弹出"Excel 选项"对话框,选择"加载项",如图4.3.5所示,选择"管
理"中的"Excel 加载项",点击"转到",在弹出的"加载宏"对话框中选择"规
划求解加载项",如图4.3.6所示,点击"确定"。选中D28单元格,输入"＝
(B28－C4)＊(1－F3)/(D5＋F9)－(B28－C4－E10)＊(1－F3)/D5"。在
"数据"选项卡上选择"规划求解",出现"规划求解对话框",如图4.3.7所
示。在"设置目标单元格"框中输入D28,单击"值",然后在框中输入0,在
"可变单元格"框中输入B28,然后单击"求解",完成规划求解的计算。计算
结果如图4.3.8所示。

(5)根据资料(3)录入已知数据,如图4.3.9所示。

(6)制作综合资本成本计算表,如图4.3.10所示。

(7)选中B33单元格输入"＝B15",单击回车键,再次选中B33,将鼠标置
于右下角,出现填充柄的时候向下拖动,将公式复制到B33:B39区域。再选中
C33单元格,输入"＝C15",单击回车键,再次选中C33,将鼠标置于右下角,出
现填充柄的时候向下拖动,将公式复制到C33:C39区域。

图 4.3.5　Excel 选项对话框

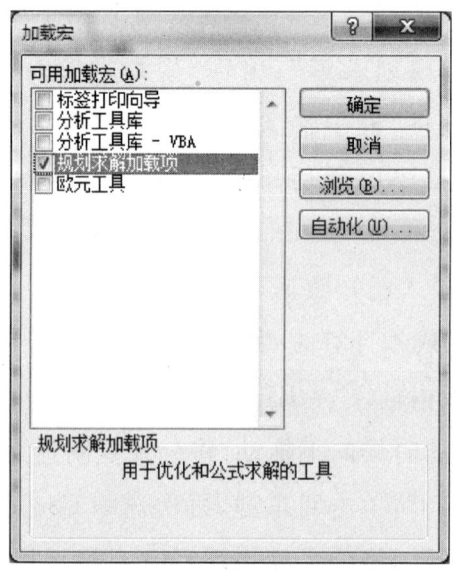

图 4.3.6　加载宏对话框

图 4.3.7　规划求解对话框

D28		f_x	=(B28-C4)*(1-F3)/(D5+F9)-(B28-C4-E10)*(1-F3)/D5	
	A	B	C	D	E
24	资料一求解				
25	每股收益无差别点的EBIT（万元）		选择筹资方案		
26	公式求解	160	方案2		
27	单变量求解	160		0	
28	规划求解	160		-3.90799E-14	

图 4.3.8　利用每股收益无差别点进行筹资方案选择

	A	B	C	D	E	F
12	资料二					
13		不同债务规模下的债务利率及普通股β系数			其他资料	
14	备选方案	债务B（万元）	债务利率	普通股β值	息税前利润EBIT	600
15	方案1	0	0%	1.1	所得税税率T	25%
16	方案2	200	10%	1.2	无风险报酬率R_f	10%
17	方案3	400	10%	1.25	股票平均风险报酬率R_m	16%
18	方案4	600	12%	1.3		
19	方案5	800	12%	1.35		
20	方案6	1000	14%	1.6		
21	方案7	1200	16%	2.2		

图 4.3.9　原始数据

	A	B	C	D	E	F	G
31	不同债务规模下的公司价值和综合资本成本						
32	备选方案	债务B（万元）	债务利率Kb	股权资本成本Ks	股票的市场价值S（万元）	公司价值V（万元）	综合资本成本K_w
33	方案1						
34	方案2						
35	方案3						
36	方案4						
37	方案5						
38	方案6						
39	方案7						

图 4.3.10　综合资本成本计算表

（8）计算各备选方案的股权资本成本。选中 D33 单元格，输入"＝＄F＄16＋D15＊（＄F＄17－＄F＄16）"单击回车键输出计算结果。再次选中 D33，将鼠标置于右下角，出现填充柄的时候向下拖动，将公式复制到 D33：D39 区域。计算结果如图 4.3.11 所示。

D33		f_x	=\$F\$16+D15*(\$F\$17-\$F\$16)	
	A	B	C	D
31				不同债务规模下的公司价
32	备选方案	债务B（万元）	债务利率Kb	股权资本成本Ks
33	方案1	0	0%	16.60%
34	方案2	200	10%	17.20%
35	方案3	400	10%	17.50%
36	方案4	600	12%	17.80%
37	方案5	800	12%	18.10%
38	方案6	1000	14%	19.60%
39	方案7	1200	16%	23.20%

图 4.3.11　股权资本成本的计算

（9）计算各备选方案下股票的市场价值。选中 E33 单元格，输入"＝（＄F＄14－B33＊C33）＊（1－＄F＄15)/D33"，单击回车键输出计算结果。再次选中 E33，将鼠标置于右下角，出现填充柄的时候向下拖动，将公式复制到 E33：E39 区域。计算结果如图 4.3.12 所示。

（10）计算各备选方案下公司的价值以及综合资本成本。选中 F33 单元格，输入"＝B33＋E33"，单击回车键输出计算结果。再次选中 F33，将鼠标置于右下角，出现填充柄的时候向下拖动，将公式复制到 F33：F39 区域。选中 G33 单元格，输入"＝D33＊E33/F33＋C33＊B33＊（1－＄F＄15)/F33"，单击

	E33			fx =($F$14-B33*C33)*(1-$F$15)/D33	
	A	B	C	D	E
31				不同债务规模下的公司价值和综合资本成本	
32	备选方案	债务B（万元）	债务利率Kb	股权资本成本Ks	股票的市场价值S（万元）
33	方案1	0	0%	16.60%	2711
34	方案2	200	10%	17.20%	2529
35	方案3	400	10%	17.50%	2400
36	方案4	600	12%	17.80%	2225
37	方案5	800	12%	18.10%	2088
38	方案6	1000	14%	19.60%	1760
39	方案7	1200	16%	23.20%	1319

图4.3.12 股票市场价值的计算

回车键输出计算结果。再次选中 G33，将鼠标置于右下角，出现填充柄的时候向下拖动，将公式复制到 G33：G39 区域。计算结果如图4.3.13所示。

	G33			fx =D33*E33/F33+C33*B33*(1-$F$15)/F33			
	A	B	C	D	E	F	G
31				不同债务规模下的公司价值和综合资本成本			
32	备选方案	债务B（万元）	债务利率Kb	股权资本成本Ks	股票的市场价值S（万元）	公司价值V（万元）	综合资本成本Kw
33	方案1	0	0%	16.60%	2711	2711	16.60%
34	方案2	200	10%	17.20%	2529	2729	16.49%
35	方案3	400	10%	17.50%	2400	2800	16.07%
36	方案4	600	12%	17.80%	2225	2825	15.93%
37	方案5	800	12%	18.10%	2088	2888	15.58%
38	方案6	1000	14%	19.60%	1760	2760	16.30%
39	方案7	1200	16%	23.20%	1319	2519	17.86%

图4.3.13 综合资本成本的计算

（11）筹资方案的选择。选中 B41 单元格，输入"=MAX(F33：F39)"，单击回车键输出计算结果；选中 C41 单元格，输入"=MATCH(B41,F33：F39，0)"，单击回车键输出计算结果；选中 B42 单元格，输入"=MIN(G33：G39)"，单击回车键输出计算结果；选中 C42 单元格，输入"=MATCH(B42,G33：G39,0)"，单击回车键输出计算结果。计算结果如图4.3.14所示。

	D42			fx =MATCH(B42,G33:G39, 0)
	A	B	C	D
40	方案选择			
41	公司最大价值：	2888	对应方案：	5
42	最小综合资本成本：	15.58%	对应方案：	5

图4.3.14 基于企业价值分析的筹资方案比选

五、实验结论

在资本总额、息税前利润相同的情况下，负债比率越高，企业的每股收益和净资产收益率也就越高，但是企业的财务杠杆系数也越高。这说明，通过举债产生了财务杠杆作用，在企业有正的税后利润的条件下，财务杠杆系数增大，企业的每股收益和净资产收益率就越大，这时财务杠杆对提高股东回报有正向的放大作用，但是与此同时，企业的财务风险也相应增大。企业应该通过合理安排资本结构，适度负债，控制风险，以获得最佳的财务杠杆利益。

企业的最佳资本结构是加权平均资本成本最低，企业价值最大的资本结构。企业进行筹资方案比选的方法有 EPS-EBIT 均衡分析法和风险-收益均衡法。前者计算较为简单，但未能考虑风险对股票市价的影响；后者则考虑了资本结构变化引起的每股风险的变化，反映了风险对股票价格的影响，分析更为全面，但对股票价格随资本结构变动程度的预测较为困难，计算也相对复杂。

第5章

营运资金管理

实验 5.1 应收账款决策

一、实验目的

掌握利用 Excel 进行应收账款信用政策的综合决策分析。

二、实验原理

(一) 应收账款成本

应收账款是指各类经济事项引起的企业对未来资产增加所具有的要求权。简单地讲,应收账款是企业因对外销售货物、供应劳务及其他原因,应向购货单位或接受劳务的单位及其他单位收取的款项,一般包括应收账款、应收票据和其他应收款等。企业占用在应收账款上的资金,会发生各种成本,主要包括:机会成本、管理成本、坏账成本。

1. 机会成本

企业的资金如不占用在应收账款上(如剔除因赊销而扩大销售量这一因素),可用于其他投资或存入银行而获取收益。这种因投放于应收账款而放弃的其他收益就是机会成本。确定该机会成本的有三个因素:应收账款数额、企

业进行其他投资的收益率及持有时间。

2．管理成本

应收账款的管理成本主要有：①调查客户信用情况的费用；②催收和组织收账的费用；③其他费用。

3．坏账成本

应收账款因不能收回而发生的损失，就是坏账成本。发生坏账主要是因为客户破产、解散、财务状况恶化且拖欠时间较长等。一般来说，应收账款数额越大，拖欠时间越长，发生坏账成本的可能性也就越大。

（二）应收账款信用政策

应收账款信用政策包括：信用标准、信用期限、现金折扣政策。

1．信用标准

信用标准是指客户获得建立交易信用所应具备的条件。如果客户达不到信用标准条件，便不能享受企业的信用或只能享受较低的信用优惠。

2．信用期限

信用期限是指企业给予客户的付款时间。信用期限过短不足以吸引顾客，可能会造成销售额下降，进而使企业盈利能力下降；信用期过长，虽可增加销售额，但同时也会增加费用成本，如增加的成本大于所增加的收入，也会造成利润减少。信用期限的确定，主要是分析现行信用期限对收入和成本的影响。在选择时由于现金折扣政策与信用期限是结合采用的，因此应将这两个内容综合起来考虑，以确定最佳的信用方案。

3．现金折扣政策

现金折扣政策是指在信用销售方式下，当销售实现以后，为了鼓励客户尽快付款，而规定在短于信用期内付款时给予客户付款的优惠的政策。它不同于商业折扣。现金折扣政策主要包括折扣期限与折扣率。折扣期限是为客户规定的可享受现金折扣的付款时间，现金折扣的通常表达方法为"折扣率/折扣期限"，如"2/20，N/40"表示20天内付款可享受2％的价格优惠，如在20天后付款，无现金折扣，最后付款期限在40天。

（三）信用政策的影响

信用政策会影响企业的利益，主要表现为信用政策变化对净收益的影响：

$$净收益变化额 = 利润增减额 - 机会成本 - 管理成本$$
$$- 坏账成本 - 现金折扣成本增减额$$

其中：

利润增减额 = 销售额增减量 × 销售利润率

机会成本 = 应收账款投资额 × 企业投资收益率

应收账款投资额（平均余额）= 日销售额 × 平均收款期

坏账成本 = 销售额 × 坏账损失率

现金折扣成本 = 销售额 × 折扣率 × 享受现金折扣的顾客比例

（四）相关函数

AND( )

功能：检验是否所有参数均为 TRUE，如果所有参数值均为 TRUE，则返回 TRUE。

语法：AND(Logical1，Logical2)

式中：Logical1 表示检测内容可以是逻辑值、数组或者引用。

三、实验资料

某企业本年度的有关情况见表 5.1.1。在确定下年度的信用政策时，有 A、B 两个方案可供选择，有关内容见表 5.1.2，假设销售利润率仍为 20%，企业投资报酬率为 15%。

表 5.1.1　某企业本年度经营和信用标准情况表

项　目	数　据
销售收入	792 000 元
利润	158 400 元
销售利润率	20%
信用标准（以预期坏账损失率为限）	≤12‰

（续表）

项　目	数　据
平均实际坏账损失率	10‰
应收账款管理成本	2 000 元
信用期限	30 天
平均收款期	60 天
企业投资报酬率	15%

表 5.1.2　某企业信用政策的 A、B 方案表

信用政策 A		信用政策 B	
项　目	数　据	项　目	数　据
信用政策:信用期 60 天,无现金折扣		信用政策:信用期 30 天,现金折扣政策(2/10,N/30)	
预计销售额	936 000 元	预计销售额	954 000 元
预计坏账损失率	15‰	预计坏账损失率	8‰
预计管理成本	3 200 元	预计管理成本	1 200 元
预计享受现金折扣销售额占总销售额比例	0	预计享受现金折扣销售额占总销售额比例	50%
预计平均收款期	75 天	预计平均收款期	25 天

四、实验指导

（1）打开"实验 5.1"工作簿,选择"应收账款决策"工作表,输入如图 5.1.1 所示数据。

（2）计算新信用政策对收益的影响。选中 C14 单元格,输入"＝C4＊C5－$B$4＊$B$5",单击回车键输出计算结果。再次选中 C14 单元格,将鼠标置于右下角,出现填充柄的时候向下拖动,将公式复制到 D14 单元格,完成对信用政策 B 对收益的影响的计算。输出结果见图 5.1.2 的 C14:D14。

（3）计算新信用政策对机会成本的影响。选中 C15 单元格,输入"＝(C4/

	A	B	C	D
1	基本条件			
2		目前信用政策	新信用政策	
3	项目		方案A	方案B
4	销售额（元）	792000	936000	954000
5	销售利润率	20%	20%	20%
6	投资报酬率	15%	15%	15%
7	平均收款期（天）	60	75	25
8	应收账款坏账损失率	10‰	15‰	8‰
9	应收账款管理成本（元）	2000	3200	1200
10	享受现金折扣的顾客比例	0	0	50%
11	现金折扣率	0	0	2%

图 5.1.1　原始数据

360 ＊ C7－＄B＄4/360 ＊ ＄B＄7）＊ C6"，单击回车键输出计算结果。再次选中 C15 单元格，将鼠标置于右下角，出现填充柄的时候向下拖动，将公式复制到 D15 单元格，完成对信用政策 B 对机会成本的影响的计算。输出结果见图 5.1.2 的 C15:D15。

（4）计算新信用政策对管理成本的影响。选中 C16 单元格，输入"＝C9－＄B＄9"，单击回车键输出计算结果。再次选中 C16 单元格，将鼠标置于右下角，出现填充柄的时候向下拖动，将公式复制到 D16 单元格，完成对信用政策 B 对管理成本的影响的计算。输出结果见图 5.1.2 的 C16:D16。

（5）计算新信用政策对坏账成本的影响。选中 C17 单元格，输入"＝C8 ＊ C4－＄B＄4 ＊ ＄B＄8"，单击回车键输出计算结果。再次选中 C17 单元格，将鼠标置于右下角，出现填充柄的时候向下拖动，将公式复制到 D17 单元格，完成对信用政策 B 对坏账成本的影响的计算。输出结果见图 5.1.2 的 C17:D17。

（6）计算新信用政策对现金折扣成本的影响。信用政策 A 不涉及现金折扣，故 C18 单元格填 0。选中 D18 单元格，输入"＝D4 ＊ D10 ＊ D11"，单击回车键输出计算结果。输出结果见图 5.1.2 的 C18:D18。

（7）计算信用政策变动带来的净收益。选中 C19 单元格，输入"＝C14－C15－C16－C17－C18"，单击回车键输出计算结果。再次选中 C197 单元格，将鼠标置于右下角，出现填充柄的时候向下拖动，将公式复制到 D19 单元格，

完成对信用政策变动带来的净收益的计算。输出结果见图 5.1.2 的 C19:D19。

	A	B	C	D
	C19		*fx* =C14-C15-C16-C17-C18	
	A	B	C	D
13	应收账款决策			
14	对收益的影响（元）		28800	32400
15	对机会成本的影响（元）		9450	-9862.5
16	对管理成本的影响（元）		1200	-800
17	坏账成本的影响（元）		6120	-288
18	对现金折扣成本的影响（元）		0	9540
19	信用政策变动带来的净收益（元）		12030	33810.5
20	结论			

图 5.1.2　两种信用政策下的计算结果

（8）完成应收账款信用政策的选择。选中 C20 单元格，输入"＝IF(AND(C19＞0,D19＞0),IF(C19＞D19,"采用 A 方案","采用 B 方案"),IF(C19＞0,"采用 A 方案",IF(D19＞0,"采用 B 方案","采用目前的信用政策")))"，单击回车键输出计算结果。输出结果如图 5.1.3 所示。

	A	B	C	D
	C20		*fx* =IF(AND(C19>0,D19>0),IF(C19>D19,"采用A方案	
	A	B	C	D
13	应收账款决策			
14	对收益的影响（元）		28800	32400
15	对机会成本的影响（元）		9450	-9862.5
16	对管理成本的影响（元）		1200	-800
17	坏账成本的影响（元）		6120	-288
18	对现金折扣成本的影响（元）		0	9540
19	信用政策变动带来的净收益（元）		12030	33810.5
20	结论		采用B方案	

图 5.1.3　应收账款信用政策的选择

五、实验结论

通过本实验计算得出，应采用 B 信用政策。由于应收账款信用政策的综合决策分析模型中各单元格之间建立了有效的动态链接，对于不同的方案，只要改变其基本数据，就可以立即自动得到不同的分析表，由此进行决策。

实验 5.2　存 货 决 策

一、实验目的

掌握利用公式求解和规划求解的方法确定存货的经济订货批量及总成本。

二、实验原理

企业因生产经营和降低成本的需要而应当储备一定的存货,但是,储备存货在降低存货短缺成本给企业增加效益的同时,也会增加存货取得和储存成本。进行存货管理,就要尽力在各种存货成本与存货效益之间作出权衡,达到两者的最佳结合。

(一) 经济订货量基本模型

采用经济订货量基本模型确定经济订货量应满足以下的假设条件:

(1) 存货市场供应充足且企业资金充裕,即企业需要订货时便可立即取得存货。

(2) 能集中到货且不允许缺货,即无缺货成本。

(3) 一定时期的存货需求量稳定,并且能预测。

(4) 存货单价已知,不考虑现金折扣。

(5) 每次变动订货成本和一定时期内的单位存货变动储存成本不变。

(6) 存货均衡耗用。

在上述假设条件建立后,存货总成本的公式可以简化为:

$$TC = F_1 + \frac{D}{Q}K + DU + F_2 + \frac{Q}{2}Kc$$

式中:F_1 为固定订货成本;

　　D 为某一时期存货需要量;

Q 为每次进货量；

U 为存货的单价；

K 为每次订货的变动成本；

F_2 为固定储存成本；

K_c 为单位存货的变动储存成本。

当 F_1、K、D、U、F_2、K_c 为常量时，TC 的大小取决于 Q。为了求出 TC 的极小值，对其进行求导演算，可得出下列公式：

$$TC' = \frac{K_c}{2} - \frac{DK}{Q^2} = 0$$

解出：

$$Q^* = \sqrt{\frac{2KD}{K_c}}$$

而此时 TC 的二阶导数 $TC'' = \dfrac{2DK}{Q^3}$，因 D、K、Q 均为正数，故 TC'' 必大于 0，说明 Q^* 为使总成本最低的订货量，即最佳订货量。其他有关指标：

最佳订货次数 $N^* = \dfrac{D}{Q*} = \sqrt{\dfrac{DK_c}{2K}}$

订货量有关的存货总成本 $TC_{(Q*)} = \dfrac{KD}{\sqrt{\dfrac{2KD}{K_c}}} + \dfrac{\sqrt{\dfrac{2KD}{K_c}}}{2} \times K_c = \sqrt{2KDK_c}$

最佳订货周期 $t^* = \dfrac{1}{N*} = \dfrac{1}{\sqrt{\dfrac{DK_c}{2K}}}$

经济订货量占用资金 $I^* = \dfrac{Q*}{2}U = \sqrt{\dfrac{KD}{2K_c}}U$

（二）经济订货量基本模型的扩展

经济订货量的基本模型是在前述各假设条件下建立的，但现实生活中能够满足这些假设条件的情况十分罕见。为使模型更接近于实际情况，具有较高的可用性，需逐一放宽假设，同时改进模型。

1. 订货提前期

一般情况下,企业的存货不能做到随时需要随时补充,因此不能等存货用完再去订货,而需要在没有用完时提前订货。在提前订货的情况下,企业再次发出订单时,尚有存货的库存量,称为再订货点,它的数量等于交货时间和每日平均需用量的乘积:

$$R = L \times d$$

式中:R 为再订货点;

L 为交货时间;

d 为每日平均需用量。

2. 存货陆续供应和使用

在建立基本模型时,是假设存货一次全部入库,存货的储存量瞬时达到最高,然后均衡耗用。事实上,各批存货可能陆续入库,使存货数量陆续增加。尤其是产成品入库和在产品转移,几乎总是陆续供应和陆续耗用的。在这种情况下,需要对基本模型做一些修改。

若每批订货量为 Q,每天货物到达量为 P,则一批货全部到达需要天数为 $\frac{Q}{P}$,称为送货期。如存货每天耗用量为 d,则当货全部到达时已被耗用 $\frac{Q}{P}d$,此时最高储存量为:$Q - \frac{Q}{P}d$,而平均储存量为 $\frac{1}{2}\left(Q - \frac{Q}{P}d\right)$。

这样,与批量有关的总成本为:

$$
\begin{aligned}
TC(Q) &= \frac{D}{Q}K + \frac{1}{2}\left(Q - \frac{Q}{P}d\right)K_c \\
&= \frac{D}{Q}K + \frac{Q}{2}\left(1 - \frac{d}{P}\right)K_c
\end{aligned}
$$

按照确定经济订货量基本模型的原理可以确定此处的经济订货量:

$$Q^* = \sqrt{\frac{2KD}{K_c} \times \frac{P}{P-d}}$$

也可以确定其他指标:

$$TC(Q*) = \sqrt{2KDK_c\left(1 - \frac{d}{P}\right)}$$

3. 保险储备

前面讨论假定存货的供需稳定且确知,即每日需求量不变,交货时间也固定不变。实际上每日需求量可能变化,交货时间也可能变化。按照某一订货批量(如经济订货批量)和再订货点发出订单后,如果需求增大或送货延迟,就会发生缺货或供货中断。为防止由此造成的损失,就需要多储备一些存货以备应急之需,这些存货被称为保险储备(安全存量),在正常情况下不动用,只有当存货过量使用或送货延迟时才动用。为防止需求变化引起缺货损失,设立保险储备量时,再订货点 R 由此而相应提高为:

$$R = 交货时间 \times 平均日需求量 + 保险储备量$$

一般情况下保险储备的建立不会改变经济订货量。

企业建立保险储备,固然可以避免缺货或供应中断造成的损失,但存货平均储备量加大却会使储存成本升高。研究保险储备的目的,就是要找出合理的保险储备量,使缺货或供应中断损失和储存成本之和最小。方法上可先计算出各不同保险储备量的总成本,然后再将总成本进行比较,选定其中最低的。

若假设与保险储备量有关的总成本为 $TC(S、B)$,每次订货缺货量为 S,保险储备量为 B,则:

$$TC(S、B) = Cs + C_B$$

式中:Cs 为缺货成本;

C_B 为保险储备量的储存成本。

而

$$C_S = K_u \cdot S \cdot N$$
$$C_B = B \cdot Kc$$

式中:K_u 为单位缺货成本;

N 为年订货次数;

K_c 为单位存货储存成本。

因此：
$$TC(S、B) = Ku \cdot S \cdot N + B \cdot K_c$$

现实中,缺货量 S 具有概率性,其概率可根据历史经验估计得出;保险储备量 B 企业可自主决定。

(三) 相关函数

1. SUMPRODUCT( )

功能:返回相应的数组或区域的乘积的和。

语法:SUMPRODUCT(Array1,Array2)

式中:Array1 Array1…Array30.所有数组的维度必须一样。

2. SQRT( )

功能:返回数值的平方根。

语法:SQRT(Number)

式中:Number 为要求平方根的数值。

三、实验资料

假定某企业存货的年需要量 $D=360\ 000$ 件,单位储存变动成本 $Kc=2$ 元,单位缺货成本 $Ku=8$ 元,每次订货成本为 $2\ 500$ 元,交货时间 $L=10$ 天。目前企业每次的订货量为 $36\ 000$ 件,每日该商品需要量为 $1\ 000$ 件。交货期内的存货需要量及其概率分布如表 5.2.1 所示。

表 5.2.1 交货期内存货需要量及概率分布情况表

需要量(10×d)	7 000	8 000	9 000	10 000	11 000	12 000	13 000
概率(Pi)	0.01	0.03	0.30	0.50	0.10	0.04	0.02

要求:

(1) 计算存货的经济订货批量及最低总成本。

(2) 计算不同保险储备情况下的总成本。

四、实验指导

(1) 打开"实验 5.2"工作簿,选择"存货决策"工作表,输入如图 5.2.1 所

示数据。

	A	B	C
1	基本条件		
2	存货的年需要量（件）	D	360000
3	单位存储变动成本（元）	Kc	2
4	单位缺货成本（元）	Ku	8
5	每次订货成本（元）	K	2500
6	交货时间（天）	L	10
7	存货日需要量（件）	d	1000
8	每次订货量（件）	Q	36000

图 5.2.1 原始数据

（2）采用公式求解法计算经济订货量。根据公式 $Q^* = \sqrt{\dfrac{2KD}{K_C}}$ 计算经济订货量，选中 C11 单元格，输入"＝SQRT(2 * C5 * C2/C3)"，单击回车键输出计算结果。根据公式 $N^* = \dfrac{D}{Q*}$ 计算订货次数，选中 C12 单元格，输入"＝C2/C11"，单击回车键输出计算结果。根据公式 $R = L \times d$ 计算再订货点，选中 C13 单元格，输入"＝C6 * C7"，单击回车键输出计算结果。选中 C14 单元格，输入"＝12/C12"，输出最佳订货周期的计算结果。根据公式 $TC_{(Q*)} = \sqrt{2KDK_C}$ 计算与订货批量有关的存货总成本，选中 C15 单元格，输入"＝SQRT(2 * C5 * C2 * C3)"，单击回车键输出计算结果。计算结果如图 5.2.2 所示。

	C15	f_x	=SQRT(2*C5*C2*C3)
	A	B	C
10	经济订货批量计算表(公式求解)		
11	经济订货量（件）	Q^*	30000
12	订货次数（次）	N^*	12
13	再订货点（件）	R	10000
14	最佳订货周期（月）	t^*	1
15	存货总成本（元）	$TC(Q^*)$	60000

图 5.2.2 公式求解经济订货量

（3）采用规划求解法计算经济订货量。计算目前订货量下的订货成本、存储成本以及存货总成本。其中：订货成本＝$\dfrac{D}{Q}K$，存储成本＝$\dfrac{Q}{2}K_c$，与订货批量有关的存货总成本＝订货成本＋存储成本。选中 F2 单元格，输入"＝C2/

C8＊C5"，单击回车键输出计算结果；选中 F3 单元格，输入"＝C8/2＊C3"，单击回车键输出计算结果；选中 F4 单元格，输入"＝F2＋F3"，单击回车键输出计算结果。输出结果如图 5.2.3 所示。

	F4	▼		fx	=F2+F3	
	A	B	C	D	E	F
1	基本条件				规划求解法	
2	存货的年需要量（件）	D	360000		订货成本	25000
3	单位存储变动成本（元）	Kc	2		存储成本	36000
4	单位缺货成本（元）	Ku	8		存货总成本	61000
5	每次订货成本（元）	K	2500			
6	交货时间（天）	L	10			
7	存货日需要量（件）	d	1000			
8	每次订货量（件）	Q	36000			

图 5.2.3 规划求解法初始结果

（4）单击"文件"菜单，单击"选项"，单击"加载项"，单击"转到"，勾选"规划求解加载项"，单击"确定"，如图 5.2.4"加载宏"对话框所示。

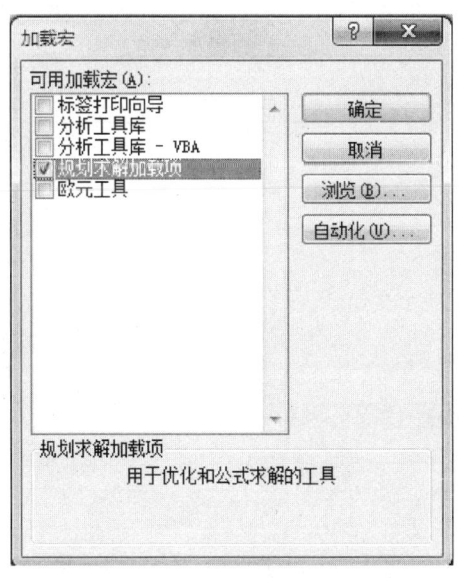

图 5.2.4 "加载宏"对话框

（5）选中 F4 单元格，单击"数据"菜单，执行"规划求解"命令，打开如图5.2.5所示的"规划求解参数"对话框，在"到："后选中"最小值"单选按钮，单击"可变单元格"后的折叠按钮，选择 ＄C＄8 单元格，单击"添加"按钮，打开"添加约束"对话框完成计算类型和可变单元格的设置。

(6) 在如图 5.2.6 所示的"添加约束"对话框中,选中"单元格引用"下的文本框,选择 C8 单元格,选择"＜＝"运算符,在约束值下输入数值360 000,单击"添加";再次选中"单元格引用"下的文本框,选择 C8 单元格,选择"＞＝"运算符,在约束值下输入数值 1,单击"添加";再次选中"单元格引用"下的文本框,选择 C8 单元格,在运算符下选择"int",此时约束条件显示"整数",单击"确定"按钮,完成约束条件的设置,返回"规划求解"对话框。

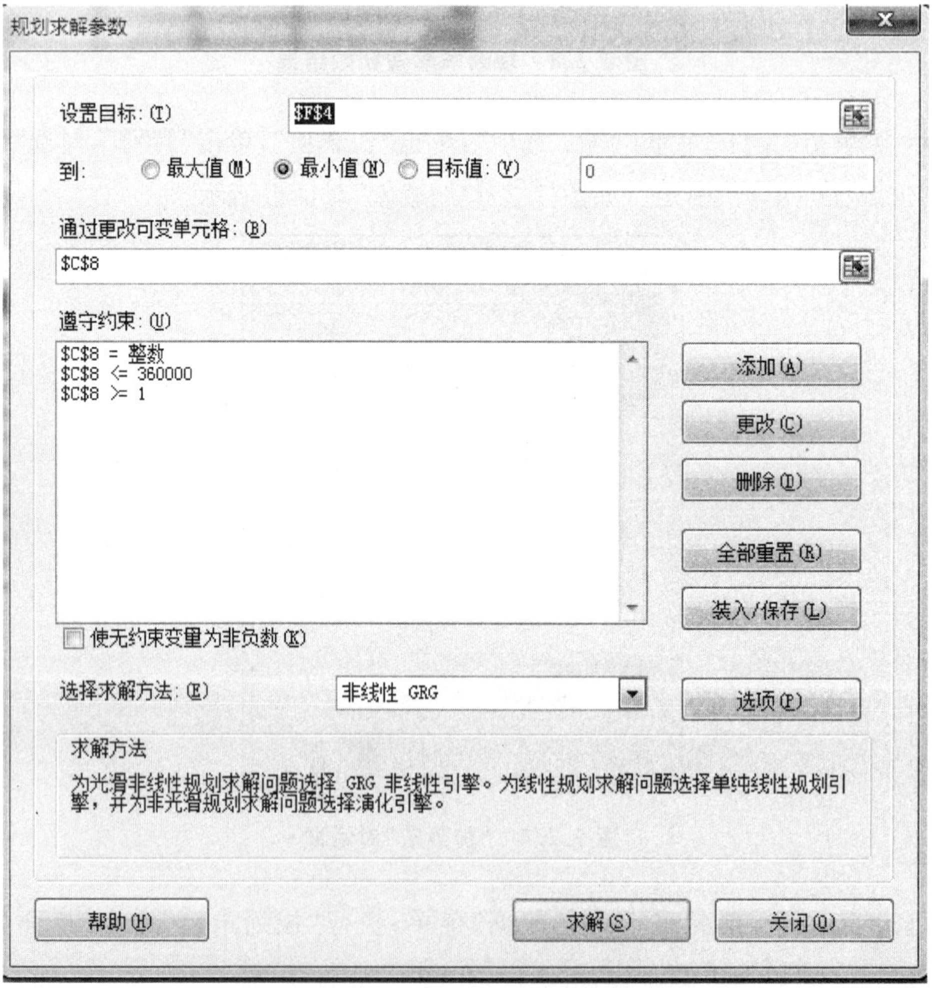

图 5.2.5 "规划求解参数"对话框

图 5.2.6 "添加约束"对话框

（7）单击"规划求解参数"对话框中的"求解"按钮,在"规划求解结果"对话框中,单击"确定",得出计算结果,如图 5.2.7 所示。

	A	B	C	D	E	F
1	基本条件					规划求解法
2	存货的年需要量（件）	D	360000		订货成本	30000
3	单位存储变动成本（	Kc	2		存储成本	30000
4	单位缺货成本（元）	Ku	8		存货总成本	60000
5	每次订货成本（元）	K	2500			
6	交货时间（天）	L	10			
7	存货日需要量（件）	d	1000			
8	每次订货量（件）	Q	30000			

图 5.2.7 规划求解计算结果

（8）在考虑保险储备情况下,存货成本的确定。首先编制存货成本计算表,如图 5.2.8 所示。

	A	B	C	D	E
33	考虑保险储备的存货成本计算表				
34	交货期的存货需求量及概率		与保险储备有关的总成本计算表		
35	需求量（件）	概率	保险储备B（件）	缺货的期望值S（件）	总成本（元）
36	7000	0.01			
37	8000	0.03			
38	9000	0.3			
39	10000	0.5			
40	11000	0.1			
41	12000	0.04			
42	13000	0.02			
43					
44	最小成本（元）				
45	再订货点（件）				
46					

图 5.2.8 考虑保险储备的存货成本计算表

（9）计算不设保险储备情况下的缺货的期望值以及相关总成本。即令 B＝0，且以经济订货量模型下计算的 10 000 件为再订货点。此种情况下，当需求量不超过 10 000 件时，不会发生缺货；当需求量超过 10 000 件时，发生缺货。C20 单元格输入 0，再选中 D20 单元格，输入"＝SUMPRODUCT（A24：A26－10000，B24：B26）"，单击回车键输出缺货期望值的计算结果。然后选中 E20 单元格，输入"＝＄C＄4＊D20＊＄C＄12＋C20＊＄C＄3"，单击回车键输出在不设保险储备情况下相关总成本的计算结果。计算结果见图 5.2.9 中的 C20：E20。

（10）计算保险储备量为 1 000 情况下的缺货的期望值以及相关总成本。即令 B＝1 000，且以 11 000 件为再订货点。此种情况下，当需求量不超过 11 000 件时，不会发生缺货；当需求量超过 11 000 件时，发生缺货。C21 单元格输入 1 000，再选中 D21 单元格，输入"＝SUMPRODUCT（A25：A26－11000，B25：B26）"，单击回车键输出缺货期望值的计算结果。然后选中 E21 单元格，输入"＝＄C＄4＊D21＊＄C＄12＋C21＊＄C＄3"，单击回车键输出在保险储备量为 1 000 情况下相关总成本的计算结果。计算结果见图 5.2.9 中的 C21：E21。

（11）计算保险储备量为 2 000 情况下的缺货的期望值以及相关总成本。即令 B＝2 000，且以 12 000 件为再订货点。此种情况下，当需求量不超过 12 000件时，不会发生缺货；当需求量超过 12 000 件时发生缺货。C22 单元格输入 2 000，再选中 D22 单元格，输入"＝SUMPRODUCT（A26－12000，B26）"，单击回车键输出缺货期望值的计算结果。然后选中 E22 单元格，输入"＝＄C＄4＊D22＊＄C＄12＋C22＊＄C＄3"，单击回车键输出在保险储备量为 2 000 情况下相关总成本的计算结果。计算结果见图 5.2.9 中的 C22：E22。

（12）计算保险储备量为 3 000 情况下的缺货的期望值以及相关总成本。即 B＝3 000 件，以 13 000 件为再订货点。此种情况下可满足最大需求，不会发生缺货。因此 C23 单元格输入 3 000，D23 单元格输入 0。然后选中 E23 单元格，输入"＝＄C＄4＊D23＊＄C＄12＋C23＊＄C＄3"，单击回车键输出在保险储备量为 3 000 情况下相关总成本的计算结果。计算结果见图 5.2.9 中的 C23：E23。

D20		▼	f_x	=SUMPRODUCT(A24:A26-10000,B24:B26)	
	A	B	C	D	E
17	考虑保险储备的存货成本计算表				
18	交货期的存货需求量及概率		与保险储备有关的总成本计算表		
19	需求量（件）	概率	保险储备B（件）	缺货的期望值S（件）	总成本（元）
20	7000	0.01	0	240	23040
21	8000	0.03	1000	80	9680
22	9000	0.3	2000	20	5920
23	10000	0.5	3000	0	6000
24	11000	0.1			
25	12000	0.04			
26	13000	0.02			

图 5.2.9　与保险存储量有关的总成本计算结果

（13）计算考虑保险储备量情况下的最低成本及再订货点。选中 B28 单元格，输入"＝MIN(E20:E23)"，单击回车键输出计算结果；选中 C29 单元格，输入"＝INDEX(C20:C23,MATCH(B28,E20:E23,0),1)＋C13"，单击回车键输出计算结果。计算结果如图 5.2.10 所示。

B28		▼	f_x	=MIN(E20:E23)	
	A	B	C	D	E
17	考虑保险储备的存货成本计算表				
18	交货期的存货需求量及概率		与保险储备有关的总成本计算表		
19	需求量（件）	概率	保险储备B（件）	缺货的期望值S（件）	总成本（元）
20	7000	0.01	0	240	23040
21	8000	0.03	1000	80	9680
22	9000	0.3	2000	20	5920
23	10000	0.5	3000	0	6000
24	11000	0.1			
25	12000	0.04			
26	13000	0.02			
27					
28	最小成本（元）	5920			
29	再订货点（件）	12000			

图 5.2.10　考虑保险储备量情况下的最低成本及再订货点的计算结果

五、实验结论

通过本实验掌握计算经济订货量的两种基本方法——公式求解法、规划求解法。通过不同存货成本计算表，可以计算出不同保险存储量情况下的最低存货成本。

第6章

股利分配决策

实验 6.1　股利分配决策

一、实验目的

1. 掌握利用 Excel 表格进行股利政策的选择；
2. 进一步掌握逻辑函数以及组合框的实际操作。

二、实验原理

(一) 股利理论

企业利润分配主要涉及两个方面的问题，留存收益和股利分配，即企业实现的利润有多少比例用于再投资，又有多少比例用于向股东分配。而这两个问题实际上可以统一成一个问题，即股利分配。关于企业股利分配政策与企业价值之间关系的理论主要有以下讨论。

1. 股利分配政策与企业价值无关论

美国财务学家米勒和莫迪格莱尼关于资本结构与企业价值的 MM 理论指出，在满足一定假设的前提下，企业的资本结构与其价值无关。实际上，MM 理论同时还指出，在满足类似假设的前提下，企业的股利分配政策（即无论用剩余现金流量支付的股利是多还是少)同样与其价值无关。这些假设为：

（1）没有企业所得税和个人所得税。

（2）没有股票的发行成本与交易成本。

（3）投资者对股利收益与资本利得收益具有同样的偏好。

（4）企业的投资决策与股利分配方案无关。

（5）投资者与企业管理人员对企业未来的投资机会具有同样的信息。

上述假定描述的是一种完美无缺的市场，因而股利无关论又被称为完全市场理论。

2. 股利相关论

股利相关论认为企业的股利分配对企业的市场价值并非无关而是相关的。具有代表性的观点有：

（1）不确定感消除论。这种理论认为：股利收入比股票价格上涨产生的资本利得收益更为可靠，企业现在的股利是有把握取得的，而股票价格的升降并不完全由企业决定，具有很大的不确定性，即资本利得收益的风险要高于股利收入的风险。即便企业承诺在未来支付较高的股利，但其支付期离现在越远，投资者对其支付的不确定感越强。在这种条件下，投资者愿意以较高的价格购买能支付较多股利的股票，股利政策将对股票价格产生实际的影响。这种理论又被戏称为"在手之鸟"论。

（2）信息传播论。这种理论认为：股利会给投资者传播企业收益状况的信息。如果企业改变过去较长时期的稳定的股票利率，投资者会认为这是企业管理层发出的改变企业未来收益的信号。股利提高表明企业创造未来现金的能力增强，该企业股票会受到投资者的青睐；反之，则意味着企业经营出了问题，投资者会抛出该股票。另外，相当一部分投资者认为，企业的财务报表可能被管理层巧妙地加以粉饰，而股利所传播的信息则是无法粉饰的。

（3）假设排除论。对于 MM 理论的假设，在企业的实际经营过程中并不存在完善的资本市场，如股票的交易要付出交易成本，政府对企业和个人开征所得税，等等。由于存在上述种种影响股利分配的因素，股利政策与股票价格就不是无关的，企业的价值或者说股票价格不会仅仅由其投资的获利能力所

决定。

（二）股利政策

1. 剩余股利政策

在企业确定了其目标资本结构后，又面临新的筹资需求的情况下，股利分配与企业的资本结构便相关起来。剩余股利政策是指在企业有着良好的投资机会时，根据一定的目标资本结构（最佳资本结构），测算出投资所需的权益资本，先从盈余当中留用，然后将剩余的盈余作为股利予以分配的政策。

采用剩余股利政策时，第一，确定目标资本结构，即确定权益资本与债务资本的比率，在此资本结构下，加权平均资本成本将达到最低水平；第二，确定目标资本结构下投资所需的股东权益数额；第三，最大限度地使用保留盈余来满足投资方案所需的权益资本数额；第四，投资方案所需权益资本已经满足后，若有剩余盈余，再将其作为股利发放给股东。

2. 稳定的股利政策

稳定的股利政策是指将每年发放的股利稳定在某一固定的水平或稳中有升的态势的政策。这一政策以确定的现金股利分配额作为首要目标优先予以考虑，一般不随资金需求的波动而波动。

稳定的股利政策的主要目的是避免出现由于经营不善而削减股利的情况。采用稳定的股利政策的优点是：

（1）稳定的股利向市场传递着企业正常发展的信息，有利于树立企业良好形象，增强投资者对企业的信心，稳定股票的价格。

（2）对那些对股利有着很高依赖性的股东而言，稳定的股利额有利于投资者安排股利收入和支出。而股利波动较大的股票，则不会受这些股东的欢迎，股票价格会因此而下降。

（3）稳定的股利政策虽然不符合剩余股利理论，但考虑到股票市场会受到多种因素的影响，其中包括股东的心理状态和其他要求，因此为了使股利维持在稳定的水平上，即使推迟某些投资方案或者暂时偏离目标资本结构，也可能要比降低股利或降低股利增长率更为有利。

该股利政策的缺点在于股利的支付与企业收益相脱节。当收益较低时仍要支付固定的股利,这可能导致资金短缺,财务状况恶化;不能像剩余股利政策那样保持较低的资本成本。

3. 固定股利比例政策

固定股利比例政策是指企业每年按固定的比例从税后利润中支付现金股利的政策。在这一股利政策下,各年股利额随企业经营的好坏而上下波动,获得较多盈利的年份股利额高,获得盈利少的年份股利额低。

主张实行固定股利比例的人认为,这样做能使股利与企业盈利紧密地配合,以体现多盈多分、少盈少分、无盈不分的原则,真正公平地对待了每一位股东。但是,在这种政策下各年的股利变动较大,极易造成企业不稳定的感觉,对稳定股票价格不利,企业很少使用。

三、实验资料

某上市公司目前发行在外的普通股共 1 000 万股,净资产 2 300 万元,其中股本 1 000 万元,资本公积 500 万元,存留收益 800 万元。今年每股支付 1 元现金股利,预计未来 5 年的税后利润和需要追加的资本性支出如表 6.1.1 所示。假设公司目前没有负债且并希望逐步增加负债的比重,但是资产负债率不能超过 40%。筹资时优先采用内部筹资,其次是长期借款,必要时增发普通股。假设表 6.1.1 给出的税后利润可以涵盖增加借款的利息,且不考虑所得税的影响。如果要增发普通股,股份每股面值为 1 元,预计发行价格为每股 2 元,且增发股份的当年不需要支付股利,下一年开始发放股利。

表 6.1.1 未来 5 年的税后利润和需追加的资本支出

年次	1	2	3	4	5
税后利润(万元)	1 200	2 600	1 500	2 200	2 000
资本支出(万元)	3 000	1 800	2 800	2 000	1 300

要求:

(1)若公司采用剩余股利政策,计算各年需要增加多少借款和股权资金?

(2)若公司采用剩余股利政策,且维持目前的股利水平,计算各年需要增

加多少借款和股权资金？

（3）若公司未来5年保持40％的股利支付率，计算各年需要增加多少借款和股权资金？

四、实验指导

（1）打开"实验6.1"工作簿，选择"股利政策选择"工作表，输入如图6.1.1所示数据。

	A	B	C	D	E	F
1		股利政策选择模型				
2		预计未来5年的税后利润和需要追加的资本性支出				
3	年份	1	2	3	4	5
4	税后利润（万元）	1200	2600	1500	2200	2000
5	资本支出（万元）	3000	1800	2800	2000	1300
6	目前每股股利（元）	1	目前资产总额（万元）		2300	
7	资产负债率限定值	40%	目前负债总额（万元）		0	
8	每股面值（元）	1	目前股本（万元）		1000	
9	增发预计发行价格（元）	2	目前资本公积（万元）		500	
10	股利支付率	0.4	目前存留收益（万元）		800	
11	股利政策选择					

图6.1.1 原始数据

（2）在单元格H2：H4中分别填入"剩余股利政策""固定股利政策""固定股利支付率政策"。

（3）建立"股利政策"的组合框控件。在"文件—选项—自定义功能区—开发工具"前打勾，出现"开发工具"工具栏。在"开发工具—插入—表单控件"中选中"组合框"控件，当光标变成"十"字，从单元格B11的左上角拖到右下角。右击单元格B11的组合框，然后单击小菜单上的"设置控件格式"。单击"控制"选项卡，在"数据源区域"的编辑框中输入"H2：H4"。在"单元格链接"的编辑框中输入"H11"，表示组合框控件当前被选中项目按项目内部编号返回。"1"表示"剩余股利政策"，"2"表示"固定股利政策"，"3"表示"固定股利支付率政策"，如图6.1.2所示。

输出结果如图6.1.3所示。通过选择单元格B11的组合框控件中的不同股利政策，就可以计算分析出企业在不同股利政策下每年发放的股利以及内部筹资和外部筹资金额。为防止误操作造成选择数据的改动，可以将H列隐

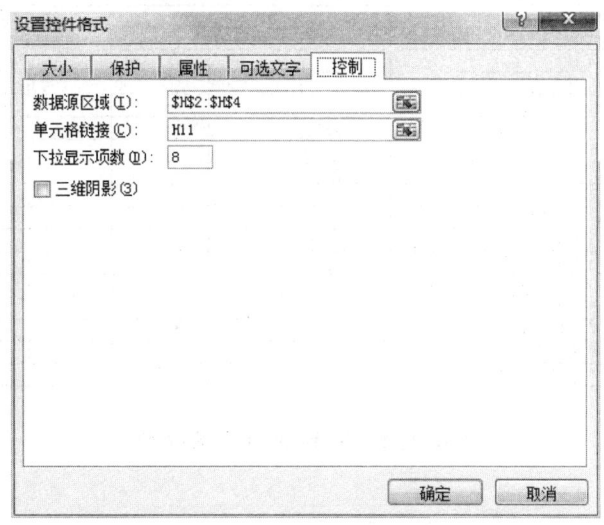

图 6.1.2　设置组合框控件格式

藏起来。选定 H 列,单击右键,在小菜单中选择"隐藏"命令,则 H 列就被隐藏起来。若要再显示 H 列,选择"取消隐藏"命令即可。

	股利政策选择模型						带选择股利政策:
1	预计未来5年的税后利润和需要追加的资本性支出						剩余股利政策
2	年份	1	2	3	4	5	固定股利政策
3	税后利润(万元)	1200	2600	1500	2200	2000	固定股利支付率政策
4	资本支出(万元)	3000	1800	2800	2000	1300	
5	目前每股股利(元)	1	目前资产总额(万元)	2300			
6	资产负债率限定值	40%	目前负债总额(万元)	0			
7	每股面值(元)	1	目前股本(万元)	1000			
8	增发预计发行价格(元)	2	目前资本公积(万元)	500			选择的股利政策的返回值:
9	股利支付率	0.4	目前存留收益(万元)	800			
10	股利政策选择	固定股利支付率政策					3

图 6.1.3　股利政策的选择

(4)建立模型,计算企业在不同股利政策下每年发放的股利以及内部筹资和外部筹资金额。根据原始数据,建立模型框架,如图 6.1.4 所示。

(5)建立股利政策选择组合框与股利政策计算模型之间的联系。选中 B13 单元格,输入"=IF(H11=1,H2,IF(H11=2,H3,H4))",单击回车键输出计算结果,如图 6.1.5 所示。

(6)计算不同股利政策下的股利。选中 C17 单元格,输入"=IF($H$11 =1,IF(C15≥=C16,C15−C16,0),IF($H$11=2,B22*$B$6,C15*

	A	B	C	D	E	F	G
13	选择的股利政策：						
14	年份	0	1	2	3	4	5
15	税后利润（万元）		1200	2600	1500	2200	2000
16	需要资本支出（万元）		3000	1800	2800	2000	1300
17	股利（万元）						
18	资产（万元）	2300					
19	负债（万元）	0					
20	所有者权益（万元）	2300					
21	股本（万元）	1000					
22	普通股股数（万股）	1000					
23	资本公积（万元）	500					
24	留存收益（万元）	800					
25	内部筹资：留存收益补充资金（万元）						
26	外部筹资：总额（万元）						
27	长期借款（万元）						
28	增发股权资金（万元）						
29	增发股数（万股）						

图 6.1.4　股利政策计算模型

B13		fx	=IF(H11=1,H2,IF(H11=2,H3,H4))				
	A	B	C	D	E	F	G
11	股利政策选择	剩余股利政策 ▼					
12							
13	选择的股利政策：			剩余股利政策			
14	年份	0	1	2	3	4	5
15	税后利润（万元）		1200	2600	1500	2200	2000
16	需要资本支出（万元）		3000	1800	2800	2000	1300
17	股利（万元）						
18	资产（万元）	2300					
19	负债（万元）	0					
20	所有者权益（万元）	2300					
21	股本（万元）	1000					
22	普通股股数（万股）	1000					
23	资本公积（万元）	500					
24	留存收益（万元）	800					
25	内部筹资：留存收益补充资金（万元）						
26	外部筹资：总额（万元）						
27	长期借款（万元）						
28	增发股权资金（万元）						
29	增发股数（万股）						

图 6.1.5　股利政策计算模型

$B$10））"，单击回车键输出计算结果。再次选中 C17 单元格，将鼠标置于右下角，出现填充柄的时候向右拖动，将公式复制到 C17:G17 单元格，完成不同股利政策下对各个年份派发股利的计算。输出结果如图 6.1.6 所示。

C17		fx	=IF($H$11=1,IF(C15>=C16,C15-C16,0),IF($H$11=2,B22*$B$6,C15*$B$10))				
	A	B	C	D	E	F	G
13	选择的股利政策：			剩余股利政策			
14	年份	0	1	2	3	4	5
15	税后利润（万元）		1200	2600	1500	2200	2000
16	需要资本支出（万元）		3000	1800	2800	2000	1300
17	股利（万元）		0	800	0	200	700

图 6.1.6　不同股利政策下派发股利的计算

（7）计算各个年份的资产总额。即"第 N＋1 年的资产总额＝第 N 年的资产总额＋第 N＋1 年需要的资本支出"，选中 C18 单元格，输入"＝B18＋C16"单击回车键输出计算结果。再次选中 C18 单元格，将鼠标置于右下角，出现填充柄的时候向右拖动，将公式复制到 C18：G18 单元格，完成不同股利政策下对各个年份资产总额的计算。输出结果如图 6.1.7 所示。

	A	B	C	D	E	F	G
C18			fx	=B18+C16			
13	选择的股利政策：			剩余股利政策			
14	年份	0	1	2	3	4	5
15	税后利润（万元）		1200	2600	1500	2200	2000
16	需要资本支出（万元）		3000	1800	2800	2000	1300
17	股利（万元）		0	800	0	200	700
18	资产（万元）	2300	5300	7100	9900	11900	13200

图 6.1.7　各个年份的资产总额

（8）计算留存收益补充资金额。选中 C25 单元格，输入"＝IF（C15－C17≥C16，C16，C15－C17）"，单击回车键输出计算结果。再次选中 C25 单元格，将鼠标置于右下角，出现填充柄的时候向右拖动，将公式复制到 C25：G25 单元格，完成不同股利政策下内部留存收益补充资金的计算。输出结果如图 6.1.8 所示。

	A	B	C	D	E	F	G
C25			fx	=IF(C15-C17>=C16,C16,C15-C17)			
13	选择的股利政策：			剩余股利政策			
14	年份	0	1	2	3	4	5
15	税后利润（万元）		1200	2600	1500	2200	2000
16	需要资本支出（万元）		3000	1800	2800	2000	1300
17	股利（万元）		0	800	0	200	700
18	资产（万元）	2300	5300	7100	9900	11900	13200
19	负债（万元）	0					
20	所有者权益（万元）	2300					
21	股本（万元）	1000					
22	普通股股数（万股）	1000					
23	资本公积（万元）	500					
24	留存收益（万元）	800					
25	内部筹资：留存收益补充资金（万元）		1200	1800	1500	2000	1300

图 6.1.8　各个年份内部筹资金额的计算

（9）计算各个年份的外部筹资总额。即"外部筹资总额＝需要的资本支出－内部筹资额"，选中 C26 单元格，输入"＝C16－C25"，再次选中 C26 单元

格,将鼠标置于右下角,出现填充柄的时候向右拖动,将公式复制到 C26:G26 单元格,完成不同股利政策下对各个年份外部筹资总额的计算。输出结果如图 6.1.9 所示。

	C26		f_x	=C16-C25			
	A	B	C	D	E	F	G
13	选择的股利政策:			剩余股利政策			
14	年份	0	1	2	3	4	5
15	税后利润（万元）		1200	2600	1500	2200	2000
16	需要资本支出（万元）		3000	1800	2800	2000	1300
17	股利（万元）		0	800	0	200	700
18	资产（万元）	2300	5300	7100	9900	11900	13200
19	负债（万元）	0					
20	所有者权益（万元）	2300					
21	股本（万元）	1000					
22	普通股股数（万股）	1000					
23	资本公积（万元）	500					
24	留存收益（万元）	800					
25	内部筹资:留存收益补充资金（万元）		1200	1800	1500	2000	1300
26	外部筹资:总额（万元）		1800	0	1300	0	0

图 6.1.9　外部筹资总额的计算

（10）计算各个年份的长期借款额。选中 C27 单元格,输入"＝IF(C26/C18>＝$B$7,C18*$B$7,C26)",单击回车键输出计算结果。再次选中 C27 单元格,将鼠标置于右下角,出现填充柄的时候向右拖动,将公式复制到 C27:G27 单元格,完成不同股利政策下对各个年份长期借款的计算。输出结果如图 6.1.10 所示。

	C27		f_x	=IF((C26+B19)/C18>=$B$7,C18*$B$7-B19,C26)			
	A	B	C	D	E	F	G
13	选择的股利政策:			剩余股利政策			
14	年份	0	1	2	3	4	5
15	税后利润（万元）		1200	2600	1500	2200	2000
16	需要资本支出（万元）		3000	1800	2800	2000	1300
17	股利（万元）		0	800	0	200	700
18	资产（万元）	2300	5300	7100	9900	11900	13200
19	负债（万元）	0					
20	所有者权益（万元）	2300					
21	股本（万元）	1000					
22	普通股股数（万股）	1000					
23	资本公积（万元）	500					
24	留存收益（万元）	800					
25	内部筹资:留存收益补充资金（万元）		1200	1800	1500	2000	1300
26	外部筹资:总额（万元）		1800	0	1300	0	0
27	长期借款（万元）		1800	0	1300	0	0

图 6.1.10　长期借款额的计算

(11) 计算增发股权资金额及增发股数。选中 C28 单元格,输入"＝C26－C27",单击回车键输出计算结果。再次选中 C28 单元格,将鼠标置于右下角,出现填充柄的时候向右拖动,将公式复制到 C28:G28 单元格,完成不同股利政策下对各个年份增发股权资金的计算。选中 C29 单元格,输入"＝C28/＄B＄9",单击回车键输出计算结果。再次选中 C29 单元格,将鼠标置于右下角,出现填充柄的时候向右拖动,将公式复制到 C29:G298 单元格,完成不同股利政策下对各个年份增发股份的计算。输出结果如图 6.1.11 所示。

	C29	▼	fx	=C28/$B$9			
	A	B	C	D	E	F	G
13	选择的股利政策:		剩余股利政策				
14	年份	0	1	2	3	4	5
15	税后利润（万元）		1200	2600	1500	2200	2000
16	需要资本支出（万元）		3000	1800	2800	2000	1300
17	股利（万元）		0	800	0	200	700
18	资产（万元）	2300	5300	7100	9900	11900	13200
19	负债（万元）	0					
20	所有者权益（万元）	2300					
21	股本（万元）	1000					
22	普通股股数（万股）	1000					
23	资本公积（万元）	500					
24	留存收益（万元）	800					
25	内部筹资：留存收益补充资金（万元）		1200	1800	1500	2000	1300
26	外部筹资：总额（万元）		1800	0	1300	0	0
27	长期借款（万元）		1800	0	1300	0	0
28	增发股权资金（万元）		0	0	0	0	0
29	增发股数（万股）		0	0	0	0	0

图 6.1.11 增发股权资金的计算

(12) 计算各个年份的负债总额。即"第 N＋1 年的负债总额＝第 N 年的负债总额第 N＋1 年的长期借款",选中 C19 单元格,输入"＝B19＋C27",单击回车键输出计算结果。再次选中 C19 单元格,将鼠标置于右下角,出现填充柄的时候向右拖动,将公式复制到 C19:G19 单元格,完成不同股利政策下对各个年份负债总额的计算。输出结果如图 6.1.12 所示。

(13) 计算各个年份的普通股股数。选中 C22 单元格,输入"＝B22＋C29",单击回车键输出计算结果。再次选中 C22 单元格,将鼠标置于右下角,出现填充柄的时候向右拖动,将公式复制到 C22:G22 单元格,完成不同股利政策下对各个年份股份总额的计算。再计算各个年份的股份总额。选中 C21 单元格,输入

	C19		f_x	=B19+C27		
	A	B	C	D	E	F	G
13	选择的股利政策:		剩余股利政策				
14	年份	0	1	2	3	4	5
15	税后利润（万元）		1200	2600	1500	2200	2000
16	需要资本支出（万元）		3000	1800	2800	2000	1300
17	股利（万元）		0	800	0	200	700
18	资产（万元）	2300	5300	7100	9900	11900	13200
19	负债（万元）	0	1800	1800	3100	3100	3100

图 6.1.12　各个年份负债总额的计算

"＝C22＊＄B＄8"，单击回车键输出计算结果。再次选中 C21 单元格，将鼠标置于右下角，出现填充柄的时候向右拖动，将公式复制到 C21:G21 单元格，完成不同股利政策下对各个年份股本总额的计算。计算结果如图 6.1.13 所示。

	C21		f_x	=C22*$B$8		
	A	B	C	D	E	F	G
13	选择的股利政策:		剩余股利政策				
14	年份	0	1	2	3	4	5
15	税后利润（万元）		1200	2600	1500	2200	2000
16	需要资本支出（万元）		3000	1800	2800	2000	1300
17	股利（万元）		0	800	0	200	700
18	资产（万元）	2300	5300	7100	9900	11900	13200
19	负债（万元）	0	1800	1800	3100	3100	3100
20	所有者权益（万元）	2300					
21	股本（万元）	1000	1000	1000	1000	1000	1000
22	普通股股数（万股）	1000	1000	1000	1000	1000	1000

图 6.1.13　各个年份股本总额的计算

（14）计算各个年份的资本公积总额。选中 C23 单元格，输入"＝B23＋C29＊（＄B＄9－＄B＄8）"，单击回车键输出计算结果。再次选中 C23 单元格，将鼠标置于右下角，出现填充柄的时候向右拖动，将公式复制到 C23:G23 单元格，完成不同股利政策下对各个年份资本公积的计算。计算结果如图 6.1.14 所示。

	C23		f_x	=B23+C29*($B$9-$B$8)		
	A	B	C	D	E	F	G
13	选择的股利政策:		剩余股利政策				
14	年份	0	1	2	3	4	5
15	税后利润（万元）		1200	2600	1500	2200	2000
16	需要资本支出（万元）		3000	1800	2800	2000	1300
17	股利（万元）		0	800	0	200	700
18	资产（万元）	2300	5300	7100	9900	11900	13200
19	负债（万元）	0	1800	1800	3100	3100	3100
20	所有者权益（万元）	2300					
21	股本（万元）	1000	1000	1000	1000	1000	1000
22	普通股股数（万股）	1000	1000	1000	1000	1000	1000
23	资本公积（万元）	500	500	500	500	500	500

图 6.1.14　各个年份资本公积的计算

（15）计算各个年份的存留收益额。选中 C24 单元格，输入"＝B24＋C15 －C17"，单击回车键输出计算结果。再次选中 C24 单元格，将鼠标置于右下角，出现填充柄的时候向右拖动，将公式复制到 C24：G24 单元格，完成不同股利政策下对各个年份存留收益的计算。计算结果如图 6.1.15 所示。

C24		fx	=B24+C15-C17			
	A	B	C	D	E	F	G
13	选择的股利政策：				剩余股利政策		
14	年份	0	1	2	3	4	5
15	税后利润（万元）		1200	2600	1500	2200	2000
16	需要资本支出（万元）		3000	1800	2800	2000	1300
17	股利（万元）		0	800	0	200	700
18	资产（万元）	2300	5300	7100	9900	11900	13200
19	负债（万元）	0	1800	1800	3100	3100	3100
20	所有者权益（万元）	2300					
21	股本（万元）	1000	1000	1000	1000	1000	1000
22	普通股股数（万股）	1000	1000	1000	1000	1000	1000
23	资本公积（万元）	500	500	500	500	500	500
24	留存收益（万元）	800	2000	3800	5300	7300	8600

图 6.1.15 各个年份存留收益的计算

（16）计算各个年份的所有者权益总额。选中 C20 单元格，输入"＝C21＋ C23＋C24"，单击回车键输出计算结果。再次选中 C20 单元格，将鼠标置于右下角，出现填充柄的时候向右拖动，将公式复制到 C20：G20 单元格，完成不同股利政策下对各个年份所有者权益总额的计算。计算结果如图 6.1.16 所示。

C20		fx	=C21+C23+C24			
	A	B	C	D	E	F	G
13	选择的股利政策：				剩余股利政策		
14	年份	0	1	2	3	4	5
15	税后利润（万元）		1200	2600	1500	2200	2000
16	需要资本支出（万元）		3000	1800	2800	2000	1300
17	股利（万元）		0	800	0	200	700
18	资产（万元）	2300	5300	7100	9900	11900	13200
19	负债（万元）	0	1800	1800	3100	3100	3100
20	所有者权益（万元）	2300	3500	5300	6800	8800	10100
21	股本（万元）	1000	1000	1000	1000	1000	1000
22	普通股股数（万股）	1000	1000	1000	1000	1000	1000
23	资本公积（万元）	500	500	500	500	500	500
24	留存收益（万元）	800	2000	3800	5300	7300	8600
25	内部筹资：留存收益补充资金（万元）		1200	1800	1500	2000	1300
26	外部筹资：总额（万元）		1800	0	1300	0	0
27	长期借款（万元）		1800	0	1300	0	0
28	增发股权资金（万元）		0	0	0	0	0
29	增发股数（万股）		0	0	0	0	0

图 6.1.16 各个年份所有者权益总额的计算

五、实验结论

通过灵活运用组合框、逻辑函数,可以建立股利政策选择模型,快速便捷地计算出不同股利政策下的筹资方案。

(本案例源自王媚莎:《财务管理实验》,经济科学出版社 2012 年版,实验十七,有改编。)

实验 6.2 利 润 规 划

一、实验目的

1. 掌握利润分配的顺序;

2. 掌握结合投资需要和股利分配需要进行利润规划的方法。

二、实验原理

利润是企业在一定时期内生产经营活动所取得的最终的财务成果,是企业生产经营活动的效率和效益的最终体现。

企业的利润总额包括营业利润、投资净收益和营业外收支净额以及补贴收入、以前年度损益调整等,利润的计算公式如下:

利润总额 = 营业利润 + 投资净收益 + 营业外收支净额 + 补贴 + 以前年度损益调整

其中:

营业利润 = 主营业务利润 + 其他业务利润 - 期间费用

净利润又称税后利润,是指企业缴纳所得税后形成的利润,是企业所有者权益的组成部分,也是企业进行利润分配的依据。其计算公式为:

净利润 = 利润总额 - 所得税

《公司法》中规定了企业进行利润分配的基本形式和内容。按规定,中国公司的利润分配项目主要有:盈余公积、法定盈余公积、任意盈余公积和股利(向投资者分配的利润),未分配掉的净利润就作为留存收益留在企业中,可用于企业投资等需求。

三、实验资料

某公司今年年底的所有者权益总额为 9 000 万元,普通股 6 000 万股。目前的资本结构为:长期负债占 55%,所有者权益占 45%,没有需要付息的流动负债。该公司的所得税税率为 30%。预计继续增加长期债务不会改变目前的 11% 的平均利率水平。董事会在讨论明年资金安排时提出:

(1) 计划明年年末分配现金股利 0.05 元/股。

(2) 计划明年全年为新的投资项目共筹集 4 000 万元的现金。

(3) 计划明年仍维持目前的资本结构,并且计划年度新增自有资金从计划年度各月留用利润中解决,所需新增负债资金从长期负债中解决。

要求:请测算实现董事会上述要求明年所需实现的息税前利润。

四、实验步骤

(1) 新建"实验 6.2"工作簿。在工作表中建立计算用表,如图 6.2.1 所示。

(2) 计算支付股利。支付股利＝普通股股数×每股股利,所以在单元格 B15 中输入公式"＝B13 * B14"。

(3) 计算权益资本融资需求额。资本融资需求额＝总融资需求额×(1－总资产负债率),所以在单元格 B7 中输入公式"＝B6 *(1－B5)"。

(4) 计算留存利润。留存利润要满足投资的需要,即留存利润＝权益资本融资需求额,所以在单元格 B7 中输入公式"＝B7"。

(5) 计算目标税后利润。目标税后利润＝支付股利＋留存利润,所以在单元格 B4 中输入公式"＝B16＋B15"。

(6) 计算目标税前利润。目标税前利润＝目标税后利润÷(1－所得税税率),这里所得税税率取 25%,所以在单元格 B3 中输入公式"＝B4/(1－

	A	B
1	项目	数额
2	目标息税前利润（万元）	
3	目标税前利润（万元）	
4	目标税后利润（万元）	
5	目标资本结构（总资产负债率）	55%
6	总融资需求额（万元）	4000
7	权益资本融资需求额（万元）	
8	债务融资需求额（万元）	
9	原有资本（万元）	9000
10	原有贷款（万元）	
11	贷款利率	11%
12	利息总额（万元）	
13	普通股数量（股）	6000
14	每股股利（元/股）	0.05
15	支付股利（万元）	
16	留存利润（万元）	
17	所得税税率	25%

图 6.2.1　计算用表

B17)"。

（7）计算债务融资需求额。债务融资需求额＝总融资需求额×总资产负债率，所以在单元格 B16 中输入公式"＝B6＊B5"。

（8）计算原有贷款额。原有贷款额＝原有资本总额×总资产负债率＝原有资本÷（1－总资产负债率）×总资产负债率，所以在单元格 B10 中输入公式"＝B9/（1－B5）＊B5"。

（9）计算债务融资需求额。债务融资需求额＝总融资需求额×总资产负债率，所以在单元格 B7 中输入公式"＝B6＊B5"。

（10）计算利息总额。利息总额＝原有贷款利息＋新增贷款利息，所以在单元格 B12 中输入公式"＝B10＊B11＋B8＊B11"。

（11）计算目标息税前利润。目标息税前利润＝目标税前利润＋利息总额，所以在单元格 B2 中输入公式"＝B3＋B12"。

这样就计算出了为达到董事会明年目标企业所需要实现的目标息税前利润金额为 4 252 万元。最后得到的结果如图 6.2.2 所示。

五、实验结论

企业要实现一定的股利分配计划和投资计划的目标，必须有足够的税后

	A	B
1	项目	数额
2	目标息税前利润（万元）	4252
3	目标税前利润（万元）	2800
4	目标税后利润（万元）	2100
5	目标资本结构（总资产负债率）	55%
6	总融资需求额（万元）	4000
7	权益资本融资需求额（万元）	1800
8	债务融资需求额（万元）	2200
9	原有资本（万元）	9000
10	原有贷款（万元）	11000
11	贷款利率	11%
12	利息总额（万元）	1452
13	普通股数量（股）	6000
14	每股股利（元/股）	0.05
15	支付股利（万元）	300
16	留存利润（万元）	1800
17	所得税税率	25%

图 6.2.2　计算结果

净利润，相应需要足够的税前利润和息税前利润。要测算出所需的这些利润指标，需要熟练掌握这些指标间的关系。理清了这些关系，即可据其建立模型，作出相应测算。

第7章

财务建模案例

实验 7.1 工资薪金的个人所得税筹划

一、实验目的

1. 掌握工资薪金个人所得税筹划的基本方法；
2. 掌握结合使用相关函数和模拟运算表进行建模的方法。

二、实验原理

我国的《个人所得税税法》规定，工资、薪金所得按月计征缴纳。2011 年 9 月 1 日实施的新《个人所得税法》第三条第一款规定：工资、薪金所得，适用超额累进税率，税率为 3%～45%。税率表如表 7.1.1 所示。

表 7.1.1 工资、薪金所得个人所得税税率表

级数	应纳税所得额（含税）	税率（%）	速算扣除数
1	不超过 1 500 元的	3	0
2	超过 1 500 元至 4 500 元的部分	10	105
3	超过 4 500 元至 9 000 元的部分	20	555
4	超过 9 000 元至 35 000 元的部分	25	1 005

（续表）

级数	应纳税所得额（含税）	税率（％）	速算扣除数
5	超过 35 000 元至 55 000 元的部分	30	2 775
6	超过 55 000 元至 80 000 元的部分	35	5 505
7	超过 80 000 元的部分	45	13 505

个人所得税的月应税所得额为月发放工资薪金总额扣除可扣除项目（如"三险一金"等）和法定减除额的部分。计算公式为：

月应税所得额 = 月度薪金 - 月可扣除金额 - 月法定减除额

税法规定，一般个人的月法定减除额为 3 500 元，但是对于外籍人员和在境外工作的中国公民，可以再附加减除 1 300 元，即 4 800 元。

此外，为合理税负，我国对个人取得全年一次性奖金制定了专门的计征办法。《国家税务总局关于调整个人取得全年一次性奖金等计算征收个人所得税方法问题的通知》（国税发〔2005〕9 号）就全年一次性奖金的界定、计算应纳税额的方式、使用频次予以明确。其主要规定如下：

纳税人取得全年一次性奖金，单独作为一个月工资、薪金所得计算纳税，并按以下计税办法，由扣缴义务人发放时代扣代缴：

先将雇员当月内取得的全年一次性奖金除以 12 个月，按其商数对照"工资、薪金所得个人所得税税率表"确定适用税率和速算扣除数。

如果在发放年终一次性奖金的当月，雇员当月工资、薪金所得低于税法规定的费用扣除额，应将全年一次性奖金减除"雇员当月工资、薪金所得与费用扣除额的差额"后的余额，按上述办法确定全年一次性奖金的适用税率和速算扣除数。

将雇员个人当月内取得的全年一次性奖金，按上述方法确定的适用税率和速算扣除数计算征税，计算公式如下：

（1）如果雇员当月工资、薪金所得高于（或等于）税法规定的费用扣除额，适用公式为：

应纳税额 = 雇员当月取得的全年一次性奖金 × 适用税率 - 速算扣除数

（2）如果雇员当月工资薪金所得低于税法规定的费用扣除额，适用公式为：

$$应纳税额 = （雇员当月取得的全年一次性奖金 - 雇员当月工资、$$
$$薪金所得与费用扣除额的差额）\times 适用税率 - 速算扣除数$$

由上述规定可见，如果一位雇员每年的总收入相对固定，科学利用关于个人取得全年一次性奖金等计算征收个人所得税的规定就能够有效降低税负，因此，合理安排按月发放和全年一次性奖金的发放金额是企业工资薪酬发放事务中一个重要问题。

三、实验资料

任意给出一位人员全年的工资、薪金收入总额，除了按照年终一次性奖金发放的金额以外，其余收入均摊给 12 个月按月发放，按照每月工资、薪金缴纳个人所得税。根据上述设定的分配规则，建立模型确定最佳的工资、薪金发放方案，使该人员的年个人所得税总额最小。

四、实验步骤

（1）新建"实验 7.1"工作簿。双击第 1 个工作表的名称进入编辑状态，将第 1 个工作表名称改为"税率表"。双击第 2 个工作表的名称进入编辑状态，将第 2 个工作表名称改为"个人所得税"。

（2）根据案例资料的信息，将税率表的信息输入"税率表"工作表。为后续建模使用方便，增加 1 列为"临界点"，其中各单元格中的数据分别为该档税率所对应的最高应纳税所得额。

（3）在"个人所得税"工作表中建立"发放方案""应纳所得税计算表"和"模拟运算表—不同年度一次性奖金发放额下的税金总额"3 个计算用表，如图 7.1.1 所示。

（4）在 B3 单元格输入一个假定的年工资、薪金总额，如 100 000 元。

（5）在 B4 单元格输入按年终一次性奖金发放的金额，该金额将通过建模确定，即 B8 单元格中的金额，所以，在 B4 单元格输入公式"＝B8"。

	A	B	C	D	E	F	G	H
1	发放方案							
2	项目	金额						
3	年度税前薪金总额							
4	年终一次性奖金							
5	月度薪金							
6	月可扣除金额							
7	月法定减除额							
8	月应税所得额							
9	最佳年终一次性奖金金额							
10	最佳方案应纳税额总额							
11								
12			应纳所得税计算表					
13	项目	计税金额	税率	速算扣除数	税金			
14	年终一次性奖金							
15	月度工资薪金							
16	年度个人所得税总额							
17								
18			模拟运算表--不同年度一次性奖金发放额下的税金总额					
19			0	18000	54000	108000	420000	660000	960000
20								

图 7.1.1 计算用表

（6）计算月度薪金。月度薪金＝（年度税前薪金总额－年终一次性奖金）÷12,在 B5 单元格中输入"＝(B3－B4)/12"。

（7）"月可扣除金额"为按照相关规定工资中可扣除的项目（如"三险一金"等）,该数据应根据每月实际缴纳金额填列,这里假定为 2 000 元。

（8）按照税法规定,一般个人的月法定减除额为 3 500 元,但是对于外籍人员和在境外工作的中国公民可以再附加减除 1 300 元,即 4 800 元。为了使模型适用不同的人员情况,可利用"选择按钮"表单控件实现不同人员的切换。操作步骤为:"开发工具—插入—表单控件"选择"选择按钮"（见图 7.1.2a）,然后在 C7 单元格位置放置一个选择按钮,将其名字改为"无附加减除",右键点击"选择按钮"出现菜单选择"设置控件格式",选择"控制"菜单,在"单元格链接"中选择"＄E＄7"（见图 7.1.2b）;类似地,在 C8 单元格位置再放置一个选择按钮,将其名字改为"有附加减除"。然后,在 B7 单元格输入公式"＝IF(E7＝1,3 500,4 800)"。

（9）计算月应税所得额。月应税所得额＝月度薪金－月可扣除金额－月法定减除额,在 B8 单元格中输入公式"＝B5－B6－B7"。

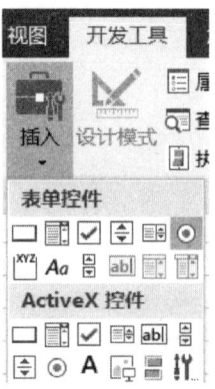

图 7.1.2a　插入"选择按钮"

图 7.1.2b　设置"选择按钮"控件格式

（10）计算年终一次性奖金应纳税额。

① 计算"年终一次性奖金计税金额"。因为相关规定为：如果雇员当月工资、薪金所得低于税法规定的费用扣除额，计税金额＝雇员当月取得全年一次

性奖金-雇员当月工资、薪金所得与费用扣除额的差额,所以在 B14 单元格中输入公式"=B4-IF(B8>0,0,3 500+B8)"。

② 确定适用税率。因为纳税人取得全年一次性奖金,单独作为一个月工资、薪金所得计算纳税,是将雇员当月内取得的全年一次性奖金,除以 12 个月,按其商数确定适用税率和速算扣除数,所以在 C14 单元格中输入公式"=IF(B4/12<=税率表!C3,税率表!D3/100,IF(B4/12<=税率表!C4,税率表!D4/100,IF(B4/12<=税率表!C5,税率表!D5/100,IF(B4/12<=税率表!C6,税率表!D6/100,IF(B4/12<=税率表!C7,税率表!D7/100,IF(B4/12<=税率表!C8,税率表!D8/100,税率表!D9/100))))))"。

③ 确定适用的速算扣除数。用"INDEX( )"函数与"MATCH( )"函数结合使用可以确定不同税率适用的速算扣除数,在 D14 单元格中输入公式"=INDEX(税率表!\$D\$3:\$E\$9,MATCH(C14*100,税率表!\$D\$3:\$D\$9,0),2)"。

④ 计算年终一次性奖金应纳税金。年终一次性奖金应纳税金=年终一次性奖金计税金额×适用税率-速算扣除数,在 E14 单元格中输入公式"=IF(B14<0,0,B14*C14-D14)"。

(11) 计算月度薪金应纳税额。

① 计算"月度薪金计税金额"。在 B15 单元格中输入公式"=B8"。

② 确定适用税率。在 C15 单元格中输入公式"=IF(B8<=税率表!C3,税率表!D3/100,IF(B8<=税率表!C4,税率表!D4/100,IF(B8<=税率表!C5,税率表!D5/100,IF(B8<=税率表!C6,税率表!D6/100,IF(B8<=税率表!C7,税率表!D7/100,IF(B8<=税率表!C8,税率表!D8/100,税率表!D9/100))))))"。

③ 确定适用的速算扣除数。在 D15 单元格中输入公式"=INDEX(税率表!\$D\$3:\$E\$9,MATCH(C15*100,税率表!\$D\$3:\$D\$9,0),2)"。

④ 计算月度薪金应纳税金。在 E15 单元格中输入公式"=IF(B15<0,0,B15*C15-D15)"。

(12) 计算年度个人所得税总额。年度个人所得税总额=年终一次性奖

金应纳税额＋月度薪金应纳税额×12，在 E16 单元格输入公式"＝E14＋E15 * 12"。

（13）利用"模拟运算表"测算不同年终一次性奖金发放方案下的年度个人所得税总额。在 A19 单元格输入"＝E16"，在 A20 单元格输入"＝B3"，选中 E19:H20，选择"数据—模拟分析—模拟运算表"，出现"模拟运算表"对话框，在"输入引用行的单元格"中选择"＄B＄3"，在"输入引用列的单元格"中选择"＄B＄4"，如图 7.1.3 所示，然后点击"确定"，得到模拟运算表的结果，如图 7.1.4 所示。

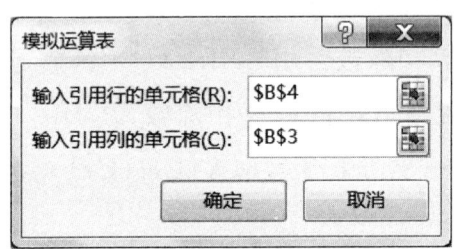

图 7.1.3　模拟运算表对话框

	A	B	C	D	E	F	G	H
17								
18			模拟运算表—不同年度一次性奖金发放额下的税金总额					
19	1020.00	0	18000	54000	108000	420000	660000	960000
20	100000.00	2140.00	1020.00	5111.67	21578.33	111161.67	209825.00	356278.33

图 7.1.4　模拟运算表结果

（14）确定最佳年终一次性奖金金额。税金总额最小的方案为最佳发放方案，在 B9 单元格中输入公式"＝INDEX(B19:G19,MATCH(MIN(B20:G20),B20:G20,0))"。

（15）确定最佳方案应纳税额总额。在 B10 单元格中输入公式"＝MIN(B20:G20)"。

（16）调整模型使得模型显示的是最佳方案，在 B4 单元格中输入公式"＝B9"。最后得到的结果如图 7.1.5 所示。

（17）在 B3 单元格中输入不同的年工资、薪金总额，模型即可给出相应的

	A	B	C	D	E	F	G	H
1	发放方案							
2	项目	金额						
3	年度税前薪金总额	100000.00						
4	年终一次性奖金	18000						
5	月度薪金	6833.33						
6	月可扣除金额	2000.00						
7	月法定减除额	3500.00	◉无附加减除	○有附加减除		1		
8	月应税所得额	1333.33						
9	最佳年终一次性奖金金额	18000						
10	最佳方案应纳税额总额	1020.00						
11								
12			应纳所得税计算表					
13	项目	计税金额	税率	速算扣除数	税金			
14	年终一次性奖金	18000.00	3%	0	540.00			
15	月度工资薪金	1333.33	3%	0	40.00			
16	年度个人所得税总额				1020.00			
17								
18			模拟运算表--不同年度一次性奖金发放额下的税金总额					
19	1020.00	0	18000	54000	108000	420000	660000	960000
20	100000.00	2140.00	1020.00	5111.67	21578.33	111161.67	209825.00	356278.33

图 7.1.5 模型结果

最佳发放方案。

四、实验结论

确定最优方案是财务决策中常见的一类问题,由于我国个人所得税税法对于工资、薪金收入区分了按月发放和全年一次性奖金两类,分别计算应缴纳的个人所得税,这就给工资、薪金发放带来了税收筹划的要求,科学的发放方案可以使纳税人的个人所得税最小化。在本实验中,利用 IF、INDEX、MATCH、MIN 等函数,结合模拟运算表工具实现了最优方案的确定。这样的建模方法可以用于类似的最优化问题的处理。

实验 7.2 杜邦财务分析

一、实验目的

1. 掌握从网页获取上市公司报表数据的方法;

2．掌握杜邦财务分析体系的分析方法；

3．掌握使用条件格式中的图标集直观显示数据的方法。

二、实验原理

杜邦分析法，亦称杜邦财务分析体系，是根据各主要财务比率指标之间的内在联系，建立一套相互制约的财务分析指标体系，以此来综合分析企业财务状况和经营成果的方法。由于该指标体系是由美国杜邦公司最先采用的，故称为杜邦财务分析体系。杜邦财务分析体系如图 7.2.1 所示。

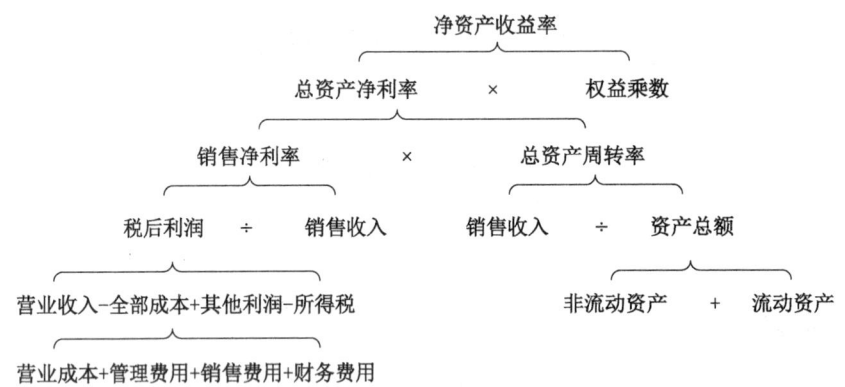

图 7.2.1　杜邦财务分析体系图

从图 7.2.1 可以看到，杜邦财务分析体系是将若干反映企业赢利状况、财务状况和营运状况的比率按其内在联系有机地结合起来，形成一个完整的指标体系，并最终通过净资产收益率这一核心指标来综合反映。

杜邦财务分析法的主要计算公式为如下。

1．销售净利率＝净利率÷销售收入

这是反映企业盈利能力的比率，企业在增加销售收入的同时，必须要有更多的净利润才能使销售净利率保持不变或者有所提高。销售净利率越高，代表企业盈利能力越强。

2．资产周转率＝销售收入÷资产总额

这是反映企业运营能力的比率，总资产周转率反映总资产的周转速度，周转越快，说明销售能力越强。

3. 总资产净利率＝净利润÷资产总额＝销售净利率×总资产周转率

表示企业全部资产获取收益的水平,全面反映了企业的获利能力和投入产出状况。该指标越高,表明企业投入产出的水平越好,企业的资产运营越有效。

4. 权益乘数＝1÷(1－资产负债率)＝资产总额÷所有者权益总额

权益乘数越大,企业的负债率越高,偿债能力越弱,所以企业经营者一定要在能力范围内增加自己的权益乘数,获得更多的利润。

5. 净资产收益率＝总资产净利率×权益乘数

提高净资产收益率可以有两种途径:一是在权益乘数一定的情况下,即企业资本结构一定的情况下,通过增收节支、提高资产利用效率来提高净资产收益率;二是在资产报酬率大于负债利息率的情况下,通过增大权益乘数,即提高资产负债率,来提高净资产收益率。

三、实验资料

青岛海尔股份有限公司的前身是成立于 1984 年的青岛电冰箱总厂。经中国人民银行青岛市分行 1989 年 12 月 16 日批准募股,1989 年 3 月 24 日经青体改〔1989〕3 号文批准,在对原青岛电冰箱总厂改组的基础上,以定向募集资金 1.5 亿元方式设立股份有限公司。1993 年 3 月和 9 月,经青岛市股份制试点工作领导小组青股领字〔1993〕2 号文和 9 号文批准,由定向募集公司转为社会募集公司,并增发社会公众股 5 000 万股,于 1993 年 11 月在上交所上市交易,股票代码 600 690,经营范围包括电器、电子产品、机械产品、通讯设备及相关配件制造等。企业的财务报表可以在各大网站获得,本实验将从新浪网"新浪财经"频道的相关网页导入青岛海尔公司 2014、2015 年两年的资产负债表和利润表,并利用这些数据进行杜邦分析。

四、实验指导

(一) 从网页导入财务报表数据

(1) 新建"实验 7.2"工作簿,建立"资产负债表"工作表。在"资产负债表"

工作表下,选择"数据—获取外部数据—自网站"(见图 7.2.2),弹出"新建 Web 查询"窗口,然后将搜索到的新浪网"新浪财经"频道青岛海尔公司 2015 年资产负债表的网页地址 http://money.finance.sina.com.cn/corp/go.php/vFD_BalanceSheet/stockid/600690/ctrl/2015/displaytype/4.phtml 复制到图 7.2.3 中的地址栏中,点击"转到"按钮。单击欲导入表格左上角的黄底黑色箭头使其变为"√"符号,然后单击右下角"导入"按钮,选择存储数据工作表的位置即可完成导入(见图 7.2.3)。

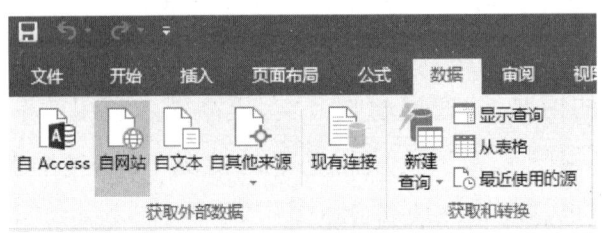

图 7.2.2 自网站导入数据

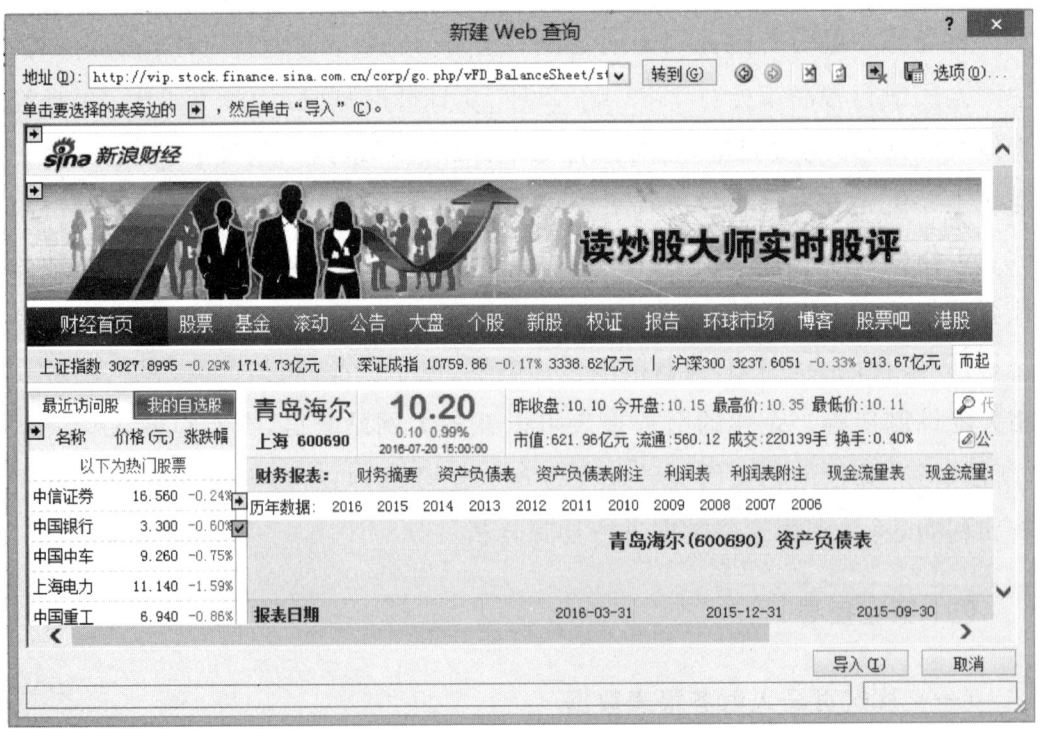

图 7.2.3 "新建 Web 查询"窗口

导入成功后,将导入的数据整理为规范格式的资产负债表的格式。整理后的格式如图7.2.4所示。

青岛海尔（600690）资产负债表
2015年度

会企01表
编制单位：青岛海尔股份有限公司　2015/12/31　单位：元

资产	期末余额	期初余额	负债	期末余额	期初余额
流动资产：			流动负债：		
货币资金	24714800000	28640000000	短期借款	1873110000	1008670000
交易性金融资产	22069900	0	交易性金融负债	7707410	0
应收票据	12673700000	16434900000	应付票据	12596900000	14126600000
应收账款	6141390000	5295780000	应付账款	14488815620	13487500000
预付款项	556872000	747079000	预收款项	3170460000	4218000000
应收利息	183731000	178488000	应付职工薪酬	1233540000	1262060000
应收股利	85826200	54524500	应交税费	909938000	1216480000
其他应收款	478574000	272801000	应付利息	15081400	7152240
存货	8559240000	7557920000	应付股利	133382000	147312000
一年内到期的非流动资产	0	0	其他应付款	6056800000	6354210000
其他流动资产	1451070000	289000000	一年内到期的非流动负债	72898000	0
流动资产合计	54867273100	59470492500	其他流动负债	0	0
非流动资产：			流动负债合计	40558632430	41827984240
可供出售金融资产	2837320000	1631280000	非流动负债：		
持有至到期投资	0	0	长期借款	297241000	0
长期应收款	0	0	应付债券	1107730000	1800700000
长期股权投资	4958910000	3356610000	长期应付款	59916900	0
投资性房地产	3449330	30582900	专项应付款	0	0
固定资产	8420550000	6970700000	预计非流动负债	1899540000	2157250000
在建工程	1391470000	1085860000	递延所得税负债	113330000	117611000
工程物资	0	0	其他非流动负债	0	47160700
固定资产清理	74096400	31400400	非流动负债合计	3477757900	4122721700
生产性生物资产	0	0	负债合计	44036390330	45950705940
公益性生物资产	0	0	所有者权益：		
油气资产	0	0	实收资本（或股本）	6123150000	3245940000
无形资产	1453470000	972388000	资本公积	83383200	3640139860
开发支出	78064200	68341800	减：库存股	77604500	6101000
商誉	392485000	74530200	盈余公积	2026090000	2024110000
长期待摊费用	113053000	102927000	未分配利润	13905800000	12855500000
递延所得税资产	971483000	894706000	少数股东权益	9708290000	7279940000
其他非流动资产	399084000	312618000	所有者权益（或股东权益）合计	31924317700	29051730860
非流动资产合计	21093434930	15531944300			
资产总计	75960708030	75002436800	负债和所有者权益（或股东权益）总计	75960708030	75002436800

图 7.2.4　青岛海尔 2015 年年度资产负债表

采用相同的方法得到青岛海尔公司 2014 年资产负债表,统一编制在"资产负债表"工作表内。

(2) 在"实验 7.2"工作簿内,建立"利润表"工作表。在"利润表"工作表下,选择"数据—获取外部数据—自网站",按下图输入网页地址 http://vip. stock. finance. sina. com. cn/corp/go. php/vFD _ ProfitStatement/stockid/ 600690/ctrl/part/displaytype/4. phtml,点击"转到"按钮。单击欲导入表格左上角的黄底黑色箭头使其变为"√"符号,然后单击右下角"导入"按钮,选择存储数据工作表的位置即可完成导入。

导入成功后,将导入的数据整理为规范格式的资产负债表的格式。整理后的格式如图 7.2.5 所示。

	A	B	C	D
1		青岛海尔（600690）利润表 2015年1-12月		
2		会企02表 编制单位：青岛海尔股份有限公司	单位：元 币种：人民币	
3				
4		项目	本期金额	上期金额
5		一、营业总收入	89748300000	88775400000
6		其中：营业收入	89748300000	88775400000
7		利息收入	0	0
8		已赚保费	0	0
9		手续费及佣金收入	0	0
10		二、营业总成本	84526100000	82276300000
11		其中：营业成本	64658500000	64345200000
12		利息支出	0	0
13		手续费及佣金支出	0	0
14		退保金	0	0
15		提取保险合同准备金净额	0	0
16		保单红利支出	0	0
17		分保费用	0	0
18		营业税金及附加	397251000	399706000
19		销售费用	13101300000	11578000000
20		管理费用	6549190000	5994660000
21		财务费用	-498120000	-231130000
22		资产减值损失	318012000	189914000
23		加：公允价值变动收益（损失以"-"号填列）	-90223100	0
24		投资收益（损失以"-"号填列）	1320300000	1237480000
25		其中:对联营企业和合营企业的投资收益	0	0
26		汇兑收益（损失以"-"号填列）	0	0
27		三、营业利润（亏损以"-"号填列）	6452320000	7736580000
28		加：营业外收入	618457000	370013000
29		其中：非流动资产处置利得	0	0
30		减：营业外支出	95916200	59957600
31		其中：非流动资产处置损失	0	0
32		四、利润总额（亏损总额以"-"号填列）	6974860000	8046640000
33		减：所得税费用	1052770000	1354370000
34		未确认投资损失	0	0
35		五、净利润（净亏损以"-"号填列）	5922090000	6692260000
36		归属于母公司所有者的净利润	4300760000	4991560000
37		少数股东损益	1621330000	1700700000
38		六、其他综合收益的税后净额	73297100	460268000
39		七、综合收益总额	5995390000	7152530000
40		归属于母公司所有者的综合收益总额	4356480000	5351510000
41		归属于少数股东的综合收益总额	1638910000	1801030000
42		八、每股收益		
43		基本每股收益	0.705	1.74
44		稀释每股收益	0.705	1.738

图 7.2.5　青岛海尔 2015 年年度资产负债表

采用相同的方法得到青岛海尔公司 2014 年的利润表,统一编制在"利润表"工作表内。

（二）杜邦财务分析

（1）在"实验 7.2"工作簿内，建立"杜邦分析"工作表。按照图 7.2.6 建立计算用表格。

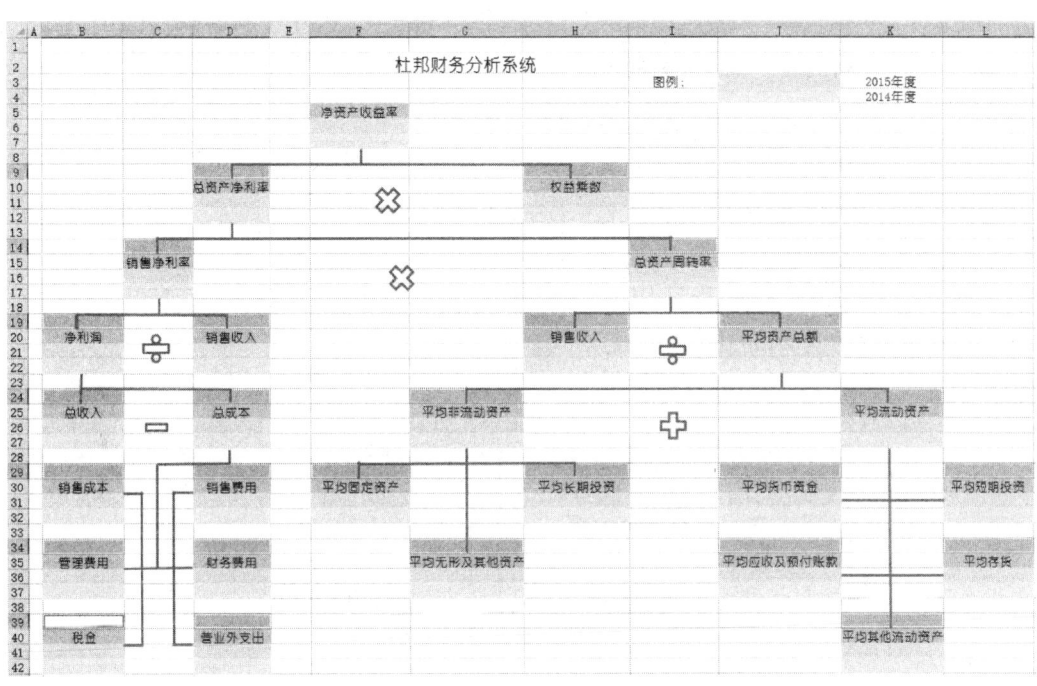

图 7.2.6　杜邦分析计算用表格

（2）根据"利润表"中的数据计算年度税金、管理费用、销售成本、营业外支出、财务费用、销售费用。在相应单元格中按表 7.2.1 所示内容输入公式或函数。

表 7.2.1　成本费用项目的计算

单元格	公式或函数
B41	＝(利润表！C18＋利润表！D18)/2＋(利润表！C33＋利润表！D33)/2
B36	＝(利润表！C20＋利润表！D20)/2
D41	＝(利润表！C30＋利润表！D30)/2
D36	＝(利润表！C21＋利润表！D21)/2

（续表）

单元格	公式或函数
B31	＝(利润表！C11＋利润表！D11)/2
D31	＝(利润表！C19＋利润表！D19)/2
B42	＝(利润表！C63＋利润表！D63)/2＋(利润表！C78＋利润表！D78)/2
B37	＝(利润表！C65＋利润表！D65)/2
B32	＝(利润表！C56＋利润表！D56)/2
D42	＝(利润表！C75＋利润表！D75)/2
D37	＝(利润表！C66＋利润表！D66)/2
D32	＝(利润表！C64＋利润表！D64)/2

结果如图 7.2.7 所示。

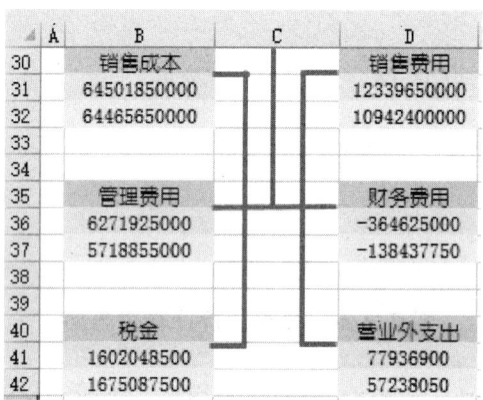

图 7.2.7　成本费用项目的计算

（3）计算年度净利润。从"利润表"工作表中得到年度总收入和销售收入，计算出 2014、2015 年度总成本，进一步计算出年度净利润。在相应单元格中按表 7.2.2 所示内容输入公式或函数。

表 7.2.2　净利润的计算

单元格	公式或函数
B26	＝(利润表！C5＋利润表！D5)/2＋(利润表！C28＋利润表！D28)/2
D26	＝B31＋D31＋D36＋B36＋B41＋D41

（续表）

单元格	公式或函数
B21	＝B26－D26
D21	＝(利润表！C6＋利润表！D6)/2
B27	＝(利润表！C50＋利润表！D50)/2＋(利润表！C73＋利润表！D73)/2
D27	＝B32＋D32＋B37＋D37＋B42＋D42
B22	＝B27－D27
D22	＝(利润表！C51＋利润表！D51)/2

在 C17 单元格中输入"＝B21/D21"，求得 2015 年度销售净利率。再次选中 C16 单元格，再次将鼠标置于右下角，出现填充柄的时候向下拖动，将公式复制到 C17 单元格，完成对 2014 年度销售净利率的计算。

结果如图 7.2.8 所示。

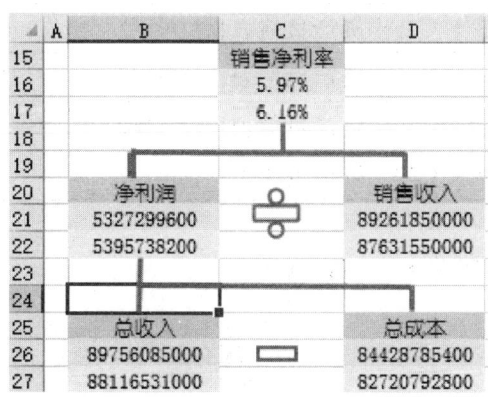

图 7.2.8 净利润的计算

（4）计算流动资产项目。按在相应单元格中按表 7.2.3 所示内容输入公式或函数。

表 7.2.3 流动资产项目的计算

单元格	公式或函数
K41	＝(资产负债表！C16＋资产负债表！D16)/2＋(资产负债表！C17＋资产负债表！D17)/2

（续表）

单元格	公式或函数
J36	＝（资产负债表！C10＋资产负债表！D10）/2＋（资产负债表！C11＋资产负债表！D11)/2＋（资产负债表！C9＋资产负债表！D9)/2＋（资产负债表！C12＋资产负债表！D12)/2＋（资产负债表！C13＋资产负债表！D13)/2＋（资产负债表！C14＋资产负债表！D14)/2
L36	＝（资产负债表！C15＋资产负债表！D15）/2
J31	＝（资产负债表！C7＋资产负债表！D7）/2
L31	＝（资产负债表！C8＋资产负债表！D8）/2
K26	＝（资产负债表！C18＋资产负债表！D18）/2
K42	＝（资产负债表！C57＋资产负债表！D57）/2＋（资产负债表！C58＋资产负债表！D58）/2
J37	＝（资产负债表！C51＋资产负债表！D51）/2＋（资产负债表！C52＋资产负债表！D52)/2＋（资产负债表！C50＋资产负债表！D50)/2＋（资产负债表！C53＋资产负债表！D53)/2＋（资产负债表！C54＋资产负债表！D54)/2＋（资产负债表！C55＋资产负债表！D55)/2
L37	＝（资产负债表！C56＋资产负债表！D56）/2
J32	＝（资产负债表！C48＋资产负债表！D48）/2
L32	＝（资产负债表！C49＋资产负债表！D49）/2
K27	＝（资产负债表！C59＋资产负债表！D59）/2

结果如图 7.2.9 所示。

图 7.2.9　流动资产项目的计算

（5）计算非流动资产项目。在相应单元格中按表7.2.4所示内容输入公式或函数。

表7.2.4　非流动资产项目的计算

单元格	公式或函数
F31	＝（资产负债表！C25＋资产负债表！D25）/2＋（资产负债表！C26＋资产负债表！D26）/2＋（资产负债表！C27＋资产负债表！D27）/2＋（资产负债表！C28＋资产负债表！D28）/2
H31	＝（资产负债表！C20＋资产负债表！D20）/2＋（资产负债表！C21＋资产负债表！D21）/2＋（资产负债表！C22＋资产负债表！D22）/2＋（资产负债表！C23＋资产负债表！D23）/2＋（资产负债表！C24＋资产负债表！D24）/2
G36	＝（资产负债表！C32＋资产负债表！D32）/2＋（资产负债表！C33＋资产负债表！D33）/2＋（资产负债表！C34＋资产负债表！D34）/2＋（资产负债表！C35＋资产负债表！D35）/2＋（资产负债表！C36＋资产负债表！D36）/2＋（资产负债表！C37＋资产负债表！D37）/2
G26	＝（资产负债表！C38＋资产负债表！D38）/2
F32	＝（资产负债表！C66＋资产负债表！D66）/2＋（资产负债表！C67＋资产负债表！D67）/2＋（资产负债表！C68＋资产负债表！D68）/2＋（资产负债表！C69＋资产负债表！D69）/2
H32	＝（资产负债表！C61＋资产负债表！D61）/2＋（资产负债表！C62＋资产负债表！D62）/2＋（资产负债表！C63＋资产负债表！D63）/2＋（资产负债表！C64＋资产负债表！D64）/2＋（资产负债表！C65＋资产负债表！D65）/2
G37	＝（资产负债表！C73＋资产负债表！D73）/2＋（资产负债表！C74＋资产负债表！D74）/2＋（资产负债表！C75＋资产负债表！D75）/2＋（资产负债表！C76＋资产负债表！D76）/2＋（资产负债表！C77＋资产负债表！D77）/2＋（资产负债表！C78＋资产负债表！D78）/2
G27	＝（资产负债表！C79＋资产负债表！D79）/2

结果如图7.2.10所示。

（6）计算销售收入、平均资产总额和总资产周转率。在相应单元格中按表7.2.5所示内容输入公式或函数。

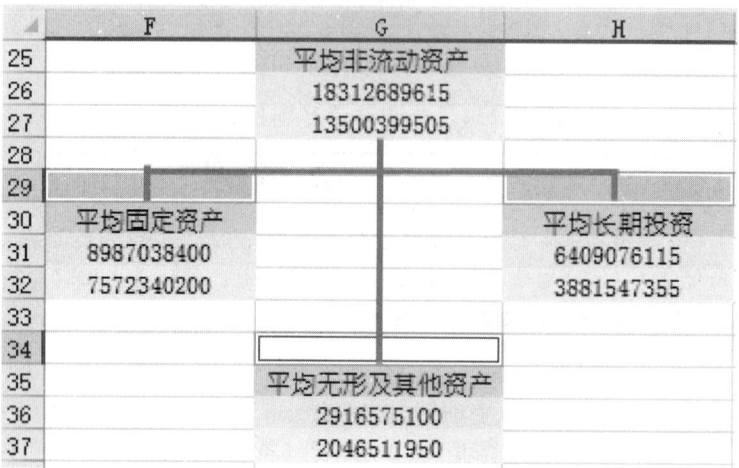

图 7.2.10　非流动资产项目的计算

表 7.2.5　平均资产总额和总资产周转率的计算

单元格	公式或函数
H21	＝（利润表！C6＋利润表！D6）/2
H22	＝（利润表！C51＋利润表！D51）/2
J21	＝G26＋K26
J22	＝G27＋K27
I16	＝H21/J21
I17	＝H22/J22

结果如图 7.2.11 所示。

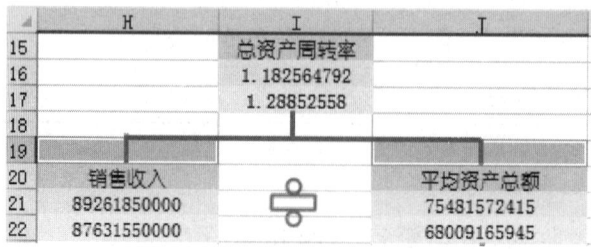

图 7.2.11　平均资产总额和总资产周转率的计算

（7）计算净资产收益率。在 D11 单元格中输入"＝C16＊I16"，求得 2015 年度净资产收益率。在 D12 单元格中输入"＝C17＊I17"，求得 2014 年度净资产收益率。在 H11 单元格中输入"＝1/（1－资产负债表！F29/资产负债表！C39）"，在 H12 单元格中输入"＝1/（1－资产负债表！F70/资产负债表！C80）"，得到两期权益乘数。F6 单元格中输入"＝D11＊H11"，F7 单元格中输入"＝D12＊H12"，求得两期股东权益报酬率。

结果如图 7.2.12 所示。

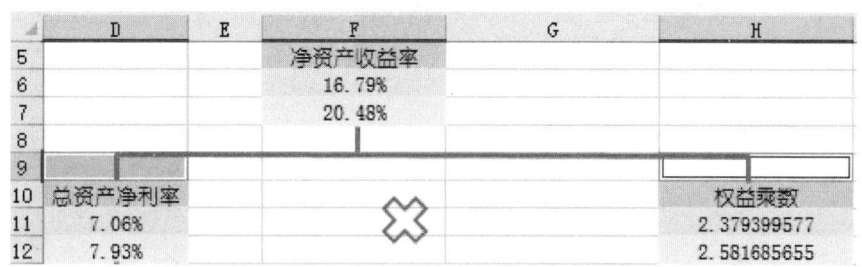

图 7.2.12　平均资产总额和总资产周转率的计算

（三）分析指标变动情况

为了比较 2015 年度较 2014 年度财务指标的变化情况，可以计算 2015 年度较 2014 年度各指标的变化百分率。同时，为了使变化的结果显示得更为直观，可以利用条件格式使得正的变化率和负的变化率以不同的形式呈现。操作如下：在 F4 单元格输入公式"＝F7/F6－1"；选中 F4 单元格，选择"开始—条件格式—图标集"，点击菜单最下面的"其他规则"选项，弹出"新建格式规则"对话框，在"图标样式"下拉菜单中选择第一项的三个方向箭头的图标集，并按照图 7.2.13 所示设置好各图标的规则；选择 F4 单元格，用"复制"操作将其公式和格式复制到每个指标的上方单元格内，就得到了每个指标的变化率和增长情况的箭头标志（绿色向上箭头表示正增长，红色向下箭头表示负增长）。这样就可以直观看出每个指标的增减变动情况。最后的结果如图 7.2.14所示。

图 7.2.13　条件格式的设置

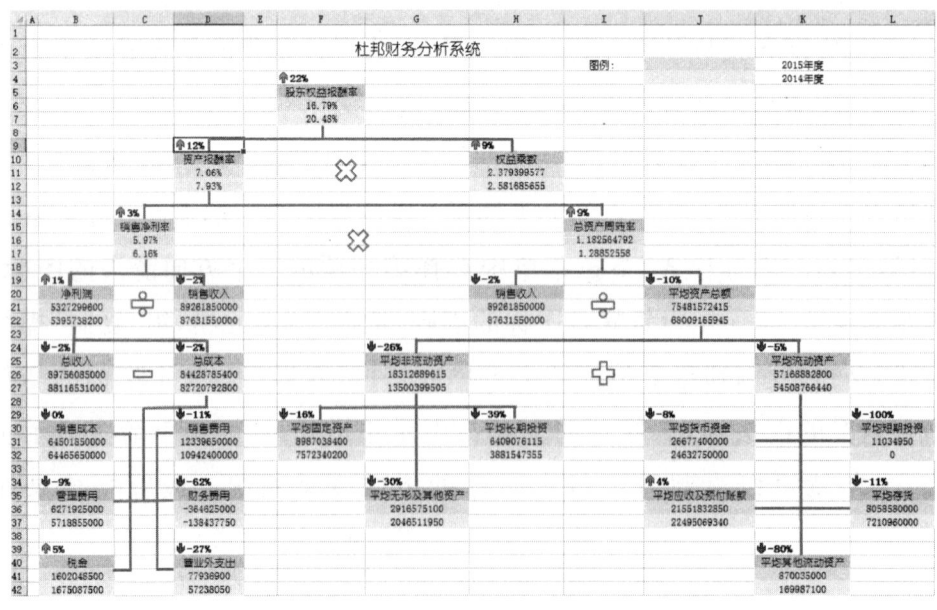

图 7.2.14　指标变动分析结果

五、实验结论

利用 Excel 的"数据—获取外部数据—自网站"操作可以直接从互联网上获得上市公司的财务报表数据,通过整理后即可进行杜邦分析。在 Excel 工作表中可以方便地设置杜邦分析的框架图,从而直观展现杜邦分析的结果。利用条件格式中的"图标集"可以用图表醒目直观地反映杜邦分析的财务指标变动的情况,使杜邦分析的结果更加清晰。只需要用新的年度的财务数据替换资产负债表和利润表的数据,该模型就可以立即给出新的年度的杜邦分析结果,大大简化了企业采用杜邦分析法进行财务分析的操作。

(本案例根据同济大学本科生彭洁完成的实验报告改编。)

实验 7.3　铁路建设项目财务分析与评价

一、实验目的

1. 掌握投资项目相关现金流的分析方法;

2. 掌握基建项目决策相关现金流的计算方法;

3. 掌握综合运用函数、数据处理工具、控件等多种手段解决实际问题的技巧。

二、实验原理

(一) 项目投资决策基本原理

现金流量是指由于投资某一项目所引起的现金流入量和现金流出量的总称。现金流量中的现金既可以是各种货币资金,也可以是项目所需的非货币资源的变现价值,如项目所需的厂房、机器设备等。进行投资方案的分析和评价应以现金流量为依据,而不是以会计利润为依据。其原因主要有两点:其

一,采用现金流量可反映货币的时间价值。会计利润是按权责发生制核算的,它与现金流量的含义完全不同,会计意义上的利润不是企业实际可得的现金。而投资项目是一个较长时间内投放和收回资金的过程,时间跨度大,在投资决策时采用现金流量可充分体现现金收支的时间性。其二,采用现金流量可避免会计核算方法的影响。现金流量是以现金的实际收付为基础进行核算,不受会计核算方法选择的影响,用它来评价投资的经济效益更具有客观性和准确性。

投资项目实施以后,企业的现金流量将产生变化,但并不是所有的现金流量都是与项目有关的,所以在投资决策中必须研究哪些现金流量是与决策有关的,哪些是无关的。在确定决策相关现金流量时应注意以下几个问题。

第一,要考虑项目实施后对企业现金流量的影响。投资决策往往是对某一个具体投资项目的决策,但投资项目又是企业的一个有机组成部分,因此,仅仅考虑投资项目本身的现金流量是不够的,还要注意投资项目给企业其他部门现金流量带来的影响。例如,某铁路股份有限公司决定投资建造一条新线,新线连入本公司原有铁路网后,除了使公司直接增加了新线的运输收入,还使新线地区的旅客和货物可以通过铁路网转运到各地,使本公司其他线路的客货运量增加,提高了公司其他部门的运输收入。

第二,沉没成本不是相关现金流量。沉没成本是指已经发生,在投资决策中无法改变的成本。在投资决策中,只有与投资项目决策有关的成本才是相关成本,而沉没成本并不是相关成本。如为建设一条铁路项目,前期进行了大量的调查和可行性研究工作,这些费用虽然已经实际支出,但是由于在投资决策时,这些工作已经付诸实施,不管决策结果是否建设这条铁路,这些调查和可行性研究的支出已经发生且无法改变,成为沉没成本,所以不应在投资决策中考虑进去。

第三,必须考虑机会成本。机会成本是指有经济价值的资源投资在某一项目中就失去了投资其他项目的机会,则投资其他项目可能产生的现金流量就形成了该项目占用这些资源的机会成本,这些资源包括资金、土地、生产设备等。机会成本是客观存在的,在投资决策中不容忽视。

第四,融资费用和利息支付不计入决策用现金流出。由于在对项目现金流量折现时,采用的折现率已经隐含了该项目的融资成本,所以融资成本不再单独核算其流量。

项目投资决策现金流的计算通常分为投资期净现金流量、经营期净现金流量和终结点净现金流量3个阶段来计算;决策采用的方法主要有净现值法、内含报酬率法和获利指数法。这些原理见实验2.2中的实验原理介绍。由于投资者往往非常关注项目的投资收益率到底能达到多少,所以如果投资项目的现金流的情况不特殊(所谓特殊情况的现金流量是指项目各年的净现金流量在项目整个期间内发生过流入流出方向的改变,这会导致内含报酬率的计算出现多个解,给决策带来困难),可以优先考虑采用内含报酬率法;但是,如果投资项目的现金流是特殊情况的现金流,则应采用净现值法。

(二)融资租赁在铁路建设中的应用

融资租赁是一种以商品形态与货币形态相结合提供的信用活动。具有信用与商品交易的双重性质,其对资金的流量影响很大。就目前情况来看,我国铁路具有资源、行业、资产和信用等独特的投融资优势。一方面,利用铁路企业的项目资源优势和所处行业优势,发挥融资租赁业的投融资功能,积极开展项目融资租赁,促进我国铁路运输基础设施建设和运输设备发展;另一方面,利用铁路行业的优质资产和信用杠杆作保证,积极采用优质资产抵押,在一次性投入不变的情况下,支配使用自己所需的大量运输设备,在较短的时间内实现运输能力的提高。

铁路建设所需资金巨大,而其中车辆的投资所占比重可能要达到整个建设投资的1/4。因此,多渠道资金筹措是铁路建设得以顺利进行的必然选择。通常,铁路项目建成后,因其特有的优势,会形成稳定而充足的客流,经营收入能得到有效保障,由于铁路交通方式所具有的一系列交通、经济、环境和社会特性,政府往往在沿线站点土地使用、税收、贷款、相关项目开发等方面给予政策扶持,所以其投资风险是相对较低的。融资租赁这种融资又融物的信用形

式,能够在铁路建设中发挥积极作用。铁路建设利用融资租赁融资模式有以下几点显著的优势:

第一,企业能够节省资金投入,缓解资金紧张局面。铁路建设单位可以先不付或付一部分很少的资金,就能得到建设专用机械,运营专用车辆,自动售检票机械等设备,投入到建设和经营中去,再以经营收入分期偿还租金。这样不必在添置设备前一次性筹集和支付大量资金,也无需预付一部分定金。

第二,能提高资金的社会利用率。融资租赁可以使出租方的资金被有效利用,获得可观的经济效益;生产厂家的设备产品能够顺利销售出去,开拓其市场;承租方可以节省大量一次性资金投入,把有限的资金投入到其他更为需要的方面。因此。融资租赁业务中的 3 方当事人都将获益,从而极大提高资金的社会利用率。

第三,企业能够避免通货膨胀的影响,减少投资风险。通货膨胀必然会引起银行利率,汇率和产品成本的变动,从而使设备销售价格上涨。这种情况下,对运用借贷购置设备的企业,尤其是对采用远期付款方式的企业,将带来明显的投资风险。若采用融资租赁的方式,则可以避免上述影响,因为设备的租金是按签订合同时的价格和利率折算的,而且在整个租期内,租金固定不变。加之租金是在未来分期支付的,所以通货膨胀反而能够降低租赁成本。

第四,企业能够享受政府的优惠政策,降低投资成本。一些国家为促进融资租赁的应用,从税收、贷款、保险等方面采取了鼓励、扶持措施。其中包括:租赁公司购进设备供出租,可以享受所购设备加速折旧的优惠;政府向从事融资租赁业务的公司提供低息政策性贷款等。当然,这些措施还能够降低承租方的租金。因为出租方会将享受政策优惠而获得的利益中的一部分转让给承租方。

当然,融资租赁融资相对银行贷款融资不一定在融资成本上具有优势,但是引入融资租赁可以有效降低对银行贷款的依赖程度,这对于缓解铁路建设现金流的压力是有显著效果的。

三、实验资料

某省拟新建一条城际铁路,全长 73 公里。该铁路沿线地方人口密集,人口出行的频率高,具有一定的客流需求,铁路的建设将对该地区的经济发展发挥重要的促进作用。铁路建设项目具有投资金额巨大、投资回收期较长的特点,财务上的可行性是项目得以实施的重要前提。

该项目的研究期间设定为:建设期 3 年,运营期 27 年。

参照当前我国大多数新建铁路项目的融资结构,设定本项目债务融资比例为 50%,项目长期贷款利率为 6.55%。

贷款归还方式为"分期付息,并按照现金流结余情况及时偿还本金",具体规则为当年归还贷款前的累计现金余额超过 1 亿元的部分均用来归还贷款本金。

该项目有三个备选设计方案:时速 160 km/h 方案,预计项目投资 100 亿元;时速 200 km/h 方案,预计项目总投资 120 亿元;时速 250 km/h 方案项目投资 135 亿元。

无论哪种方案,运营初期动车组支出 9.6 亿元,随着客流的增加,动车组需要追加投资,第 9 年需要追加到 11.6 亿元,第 19 年需要追加到 15.6 亿元。动车使用年限为 16 年,到期后需重新购置。

如果动车组采用融资租赁方式获得,需要支付车辆价值 20% 作为保证金,租期为 8 年,同时约定合同利率在现期长期银行贷款利率的基础上上浮 25%。

经测算,项目运营第一年城际及长途客运周转量为 99 456 万人千米,其中本线城际及长途流占 80%,跨线流占 20%,跨线流折合跨线列车 59 列。以上运量均为运营期第 1~4 年年均增长 14.47%,第 5~9 年年均增长 6.33%,第 10~19 年年均增长 3.61%,之后每年年均增长 3.00%。市郊流客运周转量为 1 666 万人千米。以上运量运营期第 1~4 年年均增长 8.73%,第 5~9 年年均增长 5.10%,第 10~19 年年均增长 3.30%,之后每年年均增长 2.74%。

线路运行时速不同,票价的定价标准也有所不同,3 种时速方案下本线城际及市郊客流流的收入率如表 7.3.1 所示。

表 7.3.1　3 种时速方案下本线城际及市郊客流流的收入率

设计时速（千米/小时）	本线收入率（元/人千米）	市郊收入率（元/人千米）
160	0.34	0.25
200	0.39	0.3
250	0.41	0.35

　　跨线列车通过本线路需要向本线缴纳通行费，此项收入单趟为 70.4 元。

　　此外，线路还可以依托客运主业进行多元化经营，如开展广告、商业等业务，此部分收入预计为城际和市郊客运收入之和的 6%。

　　项目的营运成本包括线路维修费、区间信号及通信设备维修费、变电所及接触网维修费、车站综合维修费、运行能源消耗量、机车、动车组检修费用、机务人员及人员工资、管理费用等，据测算，单位的运营成本为运营期第 1～9 年为 0.088 8 元/人千米，之后为 0.085 2 元/人千米。

　　由于铁路项目属于基础设施建设项目，政府可能会给予一定的优惠或补贴。可以考虑的情况有 3 种：第一种情况，政府不予补贴；第二种情况，政府仅对运营初期项目短缺的现金流量予以补贴；第三种情况，政府将土地划拨于项目的运营公司，由项目自身开发和利用，将开发收入计入项目的其他业务收入。

　　根据企业所得税法税收优惠中企业从事国家重点扶持的公共基础设施项目投资经营所得，自取得第 1 笔生产经营收入所属纳税年度起，第 1 年至第 3 年免征企业所得税，第 4 年至第 6 年减半征收企业所得税。由于本项目是《公共基础设施项目企业所得税优惠目录》中规定的铁路项目，本项目享受此"三免三减半"的所得税优惠政策。

四、实验步骤

（一）建立基础数据表

　　（1）新建工作簿"实验 7.3"，双击第一个工作表的名称进入编辑状态，将第一个工作表名称改为"基础数据"。

（2）根据案例资料的信息，将相关基础数据整理为表 7.3.2、表 7.3.3 和表 7.3.4，输入到"基础数据"表中。

表 7.3.2　3 种时速方案下项目投资额和相关成本收入主要指标

建设方案	项目总投资（万元）	本线收入率（元/人千米）	市郊收入率（元/人千米）	跨线客运单趟收入（元）	其它收入率	单位运营成本（元/人千米）
设计时速 160 km/h 方案	1 000 000	0.34	0.25	70.4	6%	0.088 8
设计时速 200 km/h 方案	1 200 000	0.39	0.3	70.4	6%	0.088 8
设计时速 250 km/h 方案	1 350 000	0.41	0.35	70.4	6%	0.088 8

表 7.3.3　运输量预计情况

项目	运营第 1 年周转量	第 1～4 年年均增长率	第 5～9 年年均增长率	第 10～19 年年均增长率	第 20 年及以后年均增长率
城际及长途客运周转量（万人公里）	99 456	14.47%	6.33%	3.61%	3.00%
市郊流客运周转量（万人公里）	1 666	8.73%	5.10%	3.30%	2.74%
跨线客运列车数（趟）	59	14.47%	6.33%	3.61%	3.00%

表 7.3.4　融资方案相关数据

项目	数据
贷款占总投资百分比	50%
贷款利率水平	6.55%
贷款期限（年）	20
车辆融资租赁利率水平	8.19%
车辆融资租赁周期（年）	8
融资租赁保证金比例	20%
车辆投资金额（第 1～8 年）（万元）	96 000
车辆投资金额（第 9～18 年）（万元）	116 000
车辆投资金额（第 19 年及以后）（万元）	156 000

（二）完成盈亏预算表

（1）增加一个工作表，将其名称改为"计算表"。

（2）通过建立"建设方案"的组合框控件实现时速 160 km、200 km 和 250 km 的 3 个不同方案的切换。在 A1 单元格输入"建设方案选择"字样。在"文件—选项—自定义功能区—开发工具"前打钩，出现"开发工具"工具栏。在"开发工具—插入—表单控件"中选中"组合框"控件，当光标变成"十"字，从单元格 B2 的左上角拖到 C2 单元格的右下角。右击单元格 B2 的组合框，然后单击小菜单上的"设置控件格式"。单击"控制"选项卡，在"数据源区域"的编辑框中选择"基础数据！$A$2：$A$4"。在"单元格链接"的编辑框中选择"计算表！$E$1"，表示组合框控件当前被选中项目按项目内部编号返回。"1"表示"设计时速 160 km/h 方案"，"2"表示"设计时速 200 km/h 方案"，"3"表示"设计时速 250 km/h 方案"。如图 7.3.1 所示。

图 7.3.1 设置组合框控件格式

（3）设计盈亏预算表，如图 7.3.2 所示。

（4）计算营业收入各项目。

① 以"基础数据"工作表的数据为基础，导入和计算营业收入各项目第 1

建设方案选择	设计时速150km/h方案			建设方案返回选项值	1							
计算表1：盈亏预测表												
	第1年	第2年	第3年	第4年	第5年	第6年	第7年	第8年	第9年	第10年	第11年	第12年
	1	2	3	4	5	6	7	8	9	10	11	12
一、营业收入												
1.本线客运收入												
（1）城际及长途客运周转量（万人公里）												
（2）城际客运收入率（元/人公里）												
（3）市郊流客运周转量（万人公里）												
（4）市郊客运收入率（元/人公里）												
2.跨线客运收入												
（1）跨线客运列车数（趟）												
（2）跨线客运单趟收入（元）												
3、其他业务收入												
二、营业成本												
1.固定成本（万元）												
（1）利息支出（万元）												
（2）折旧（万元）												
2.变动成本（万元）												
（1）客运单位变动成本（元/人公里）												
三、税前利润												
1.开始盈利的年数												
2.可用亏损弥补的利润												
3.可用于抵减利润的待弥补亏损总额												
4.应税利润												
四、所得税费用												
五、税后利润												

图 7.3.2 盈亏预算表

年的初始数据，其中"城际客运收入率""市郊客运收入率""跨线客运单趟收入""其他业务收入"这 4 个数据选择不同时速标准的建设方案可能会有不同的取值，为此需要采用 IF 函数来确定对应的取值。

计算用到的主要公式为：

营业收入 ＝ 本线客运收入＋跨线客运收入＋其他业务收入

其中：

本线客运收入 ＝ 城际及长途客运周转量×城际客运收入率＋
市郊流客运周转量×市郊客运收入率

跨线客运收入 ＝ 跨线客运列车数×跨线客运单趟收入

其他业务收入 ＝（本线客运收入＋跨线客运收入）×其他收入率

根据各单元格的内容以及各单元格数据之间的关系，各单元格的公式和显示结果如表 7.3.5 所示。

表 7.3.5　营业收入各项目计算表

单元格	对应项目	公式	显示值
B5	一、营业收入	＝B6＋B11＋B14	45 798
B6	1. 本线客运收入	＝B7＊B8＋B9＊B10	39 288
B7	（1）城际及长途客运周转量（万人千米）	＝基础数据！B8	99 456
B8	（2）城际客运收入率（元/人千米）	＝IF(计算表！＄E＄1＝1,基础数据！＄C＄2,IF(计算表！＄E＄1＝2,基础数据！＄C＄3,基础数据！＄C＄4))	0.39
B9	（3）市郊流客运周转量（万人千米）	＝基础数据！B9	1 666
B10	（4）市郊客运收入率（元/人千米）	＝IF(计算表！＄E＄1＝1,基础数据！＄D＄2,IF(计算表！＄E＄1＝2,基础数据！＄D＄3,基础数据！＄D＄4))	0.3
B11	2. 跨线客运收入	＝B12＊B13	4 153.6
B12	（1）跨线客运列车数（趟）	＝基础数据！B10	59
B13	（2）跨线客运单趟收入（元）	＝IF(计算表！＄E＄1＝1,基础数据！E2,IF(计算表！＄E＄1＝2,基础数据！E3,基础数据！E4))	70.4
B14	3. 其他业务收入	＝B6＊IF(计算表！＄E＄1＝1,基础数据！＄F＄3,IF(计算表！＄E＄1＝2,基础数据！＄F＄4,基础数据！＄F＄5))	2 357

②“城际客运收入率”“市郊客运收入率”“跨线客运单趟收入”这 3 项数据后面年份的数据均保持不变,与第 1 年一致,每一项用填充柄从第 1 年的单元格一直拖曳到最后 1 年的单元格即可填满各年的数据。

③“城际及长途客运周转量”“市郊流客运周转量”“跨线客运列车数”这 3 个项目均是不同阶段有不同的增长率,所以分别采用分段公式计算的方法。例如,“城际及长途客运周转量”第 1～4 年的年均增长率为 14.47%,则其第 2 年的数据计算公式为:

第 2 年城际及长途客运周转量 ＝ 第 1 年城际及长途客运周转量×(1＋增长率)

所以在 C7 单元格输入公式"＝B7 ＊（1＋基础数据！＄C＄9）"即可得到第 2 年城际及长途客运周转量，然后用填充柄拖曳可完成第 3 年到第 4 年的计算。按照类似的方法可以完成第 5～9 年、第 10～19 年以及以后数据的计算。"市郊流客运周转量""跨线客运列车数"两项的计算方法与"城际及长途客运周转量"的计算相同。

④ "营业收入""本线客运收入""跨线客运收入""其他业务收入"这 4 项每项各年的计算公式均与第 1 年相同，所以利用填充柄可以快速完成各项目所有年份数据的计算。

（5）计算营业成本各项目。

① 计算营业成本各项目第 1 年的初始数据。营业成本包括固定成本和变动成本。相关的计算公式为：

$$固定成本 ＝ 利息支出 ＋ 折旧$$

$$变动成本 ＝（城际及长途客运周转量 ＋ 市郊流客运周转量）× 客运单位变动成本$$

本案例中折旧的数据和计算过程过于繁杂，在此略去计算过程，直接在计算表格中给出。

利息的计算过程见实验步骤的第（四）、（五）部分。

根据各单元格的内容以及各单元格数据之间的关系，营业成本各项目第 1 年各单元格的公式和显示结果如表 7.3.6 所示。

表 7.3.6　营业成本各项目计算表

单元格	对应项目	公式	显示值
B15	二、营业成本	＝B16＋B19	100 513
B16	1. 固定成本（万元）	＝B17＋B18	91 534
B17	（1）利息支出（万元）	＝C59＋C72	44 645
B18	（2）折旧（万元）	46 889	46 889
B19	2. 变动成本（万元）	＝B20 ＊（B7＋B9）	8 980
B20	（1）客运单位变动成本（元/人公里）	＝IF（计算表！＄E＄1＝1,基础数据！＄G＄2,IF（计算表！＄E＄1＝2,基础数据！＄G＄3,基础数据！＄G＄4))	0.088 8

② 计算营业成本各项目第 2 年及以后的数据。由于上述营业成本计算项目（除折旧为已经给定外）第 2 年及以后的计算公式均与第 1 年相同，因此可用填充柄迅速完成后续年度的相关计算。

（6）计算税前利润。税前利润的计算公式为：

$$税前利润 ＝ 营业收入 － 营业成本$$

所以在 B21 单元格输入公式"＝B7 ＊（1＋基础数据！＄C＄9）"，然后用填充柄迅速完成后续年度的相关计算。

（7）计算所得税费用。根据所得税税法，纳税人某一纳税年度发生亏损，准予用以后年度的应纳税所得弥补，1 年弥补不足的，可以逐年连续弥补，弥补期最长不得超过 5 年，5 年内不论是盈利或亏损，都作为实际弥补年限计算。另外，根据企业所得税法税收优惠中企业从事国家重点扶持的公共基础设施项目投资经营所得，自取得第 1 笔生产经营收入所属纳税年度起，第 1 年至第 3 年免征企业所得税，第 4 年至第 6 年减半征收企业所得税。由于本项目是《公共基础设施项目企业所得税优惠目录》中规定的铁路项目，本项目享受此"三免三减半"的所得税优惠政策。所以，按下述步骤计算项目各年度的所得税费用。

① 确定开始盈利的年数。可根据项目的税前利润是否大于 1 来判断是否开始盈利，盈利后的每 1 年的盈利年数为上 1 年年数加 1。所以在第 1 年对应的单元格 B22 中输入公式"＝IF（B21＞0,1,0）"，在第 2 年对应的单元格 C22 中输入公式"＝IF（C21＞0,B22＋1,0）"，再用填充柄完成后续年度的相关计算。

② 计算每期可用亏损弥补的利润。如果当年的税前利润小于 0，则当年可用亏损弥补的利润为 0；反之，当年可用亏损弥补的利润就是当年的税前利润。所以在单元格 B23 中输入公式"＝IF（B21＜0,0,B21）"，再用填充柄完成后续年度的相关计算。

③ 计算可用于抵减利润的待弥补亏损总额。本项目为项目当年与之前 5 年未被抵减的亏损额之和。因为前 5 年没有之前完整 5 年亏损额的数据，所以需要每年单独计算。在单元格 B24 中输入公式"＝IF（B21＜0,B21,0）"，在

单元格 B25 中输入公式"＝B21＋C21",再用填充柄完成后续第 3 至第 5 年的相关计算。自第 6 年起,可以利用统一公式计算,为当年与之前 5 年亏损的合计扣除上年尚未抵减完毕的利润。为了避免合计亏损时误将利润计入,需要用到"IF"函数。可在第 6 年的单元格 G25 中输入公式"＝IF(G24＋G23＜0,0,G24＋G23)",然后用填充柄迅速完成后续年度的相关计算。

④ 计算所得税应税利润。"应税利润"为弥补了可弥补亏损后的利润。可通过比较"可用亏损弥补的利润"和"可用于抵减利润的待弥补亏损总额"来计算"应税利润"。当"可用亏损弥补的利润"不能全部弥补"可用于抵减利润的待弥补亏损总额"时,"应税利润"为 0;反之,"应税利润"为"可用亏损弥补的利润"超出"可用于抵减利润的待弥补亏损总额"的差额。具体计算方法为:在单元格 B25 中输入公式"＝IF(B24＋B23＜0,0,B24＋B23)",然后用填充柄完成后续年度的相关计算。

⑤ 计算所得税费用。如果某年度应税利润为负数,则所得税为 0;如果某一年度开始应税利润为正数,则按照所得税"三免三减半"的规定计算所得税。可利用"IF( )"函数判断是处于哪一盈利时间段,分别按照对应的纳税规定计算各年的所得税费用。在单元格 B26 中输入公式"＝IF(B22≤3,B25 * 0,IF(B22≤6,B25 * 25% * 50%,B25 * 25%))",然后用填充柄迅速完成后续年度的相关计算。

(8) 计算净利润。净利润的计算公式为:

$$净利润 = 税前利润 - 所得税费用$$

所以在 B27 单元格输入公式"＝B21－B26",然后用填充柄完成后续年度的相关计算。

(三) 计算现金流量预算表

(1) 为方便使用,仍然在工作簿"计算表"中设计现金流量预算表,如图 7.3.3 所示。

(2) 计算经营活动净现金流量。

① 建设期没有经营性现金流量。

	A	B	C	D	E	F	G	H	I	J	K	L	M	N
29	计算表2：现金流量预测表													
30		建设期	第1年	第2年	第3年	第4年	第5年	第6年	第7年	第8年	第9年	第10年	第11年	第12年
31		0	1	2	3	4	5	6	7	8	9	10	11	12
32	一、经营活动净现金流量（万元）													
33	1.现金流入													
34	2.现金流出													
35	（1）付现成本													
36	（2）所得税费用													
37	二、筹资活动现金流（万元）													
38	1.现金流入													
39	2.现金流出													
40	(1)动车融资租赁利息													
41	(2)银行贷款利息													
42	(3)偿还贷款本金													
43	三、投资活动现金流（万元）													
44	1.现金流入													
45	2.现金流出													
46	其中：动车融资租赁支出													
47	动车融资租赁保证金支出													
48	四、当期净现金流													
49	五、需要补贴的现金或追加的投资													
50	六、期末现金流存量													
51	七、尚未还清的贷款													

图 7.3.3　现金流量预测表

② 本案例中的经营性现金流入就是营业收入，所以直接在第 1 年的单元格 C32 中输入公式"＝C33－C34"，然后用填充柄完成后续年度的相关计算。

③ 本案例中经营性现金流出包括变动成本支出和所得税支出，所以在第 1 年的单元格 C34 中输入"＝C35＋C36"，其中：付现成本就是营业成本中的变动成本，所以在第 1 年的单元格 C35 中输入"＝B19"；所得税费用的数据从前面"盈亏预测表"的"所得税费用"取得，所以在第 1 年的单元格 C36 中输入"＝B26"。然后用填充柄完成这几项数据后续年度的相关计算。

（3）计算筹资活动净现金流量。

① 筹资活动的现金流入量是该项目初始投资所需的现金，为简化起见，均视为在建设期期初筹集和支付。项目初始投资所需的现金的计算方法见"计算表 2：现金流量预测表"中"投资活动现金流量"之"现金流出量"的计算。所以在建设期第 0 年的单元格 B38 中输入"＝－B43"。后续年度没有筹资现金流入，所以均为 0。

② 筹资活动的现金流出量包括动车融资租赁利息、银行贷款利息和偿还贷款本金 3 项。其中：融资租赁利息的计算见"计算表 3：融资租赁现金流计算

表"的相关计算,银行贷款利息和偿还贷款本金的计算见"计算表4:贷款还款计划表"的相关计算。数据直接从相应计算表格中对应取数即可获得。所以在经营期第1年的单元格C39:C42中分别输入公式"＝C40＋C41＋C42""＝C59""＝C72""＝C76",然后用填充柄完成这几项数据后续年度的相关计算。

(4)计算投资活动净现金流量。

① 投资活动的现金流入量。本案例中投资活动的现金流入量仅有各期动车组融资租赁保证金的退回,相关计算见"计算表3:融资租赁现金流计算表"中"收回保证金"项目的计算过程。数据直接从相应单元格中取数即可获得。所以在B44单元格中输入公式"＝B58",然后用填充柄完成后续年度的相关计算。

② 投资活动的现金流出量。

a. 建设期投资现金流出量。项目资料已经给出了分别采用不同时速方案的投资总额。项目投资总额包括第1期动车组投资支出和其他支出两部分,因此,投资项目建设期的投资现金流出量就可以分解为第1期动车组融资租赁的保证金支出和其他支出两部分,为简化起见,这里将所有投资支出均考虑为在建设期末一次性支付。这样,就有以下计算公式:

$$\begin{matrix} 建设期投资 \\ 现金流出量 \end{matrix} = \left(\begin{matrix} 投资 \\ 总额 \end{matrix} - \begin{matrix} 第1期动 \\ 车组投资 \end{matrix} \right) + \begin{matrix} 第1期 \\ 动车组投资 \end{matrix} \times \begin{matrix} 保证 \\ 金率 \end{matrix}$$

所以在B45单元格输入公式"＝IF(计算表!＄E＄1＝1,基础数据!＄B＄2－基础数据!＄B＄19,IF(计算表!＄E＄1＝2,基础数据!＄B＄3－基础数据!＄B＄19,基础数据!＄B＄4－基础数据!＄B＄19))＋B46＋B47"即可得到建设期投资现金流出量。其中:第1期动车组融资租赁的保证金支出可从"计算表3:融资租赁现金流计算表"的相应项目取得,所以在单元格B47中输入公式"＝B57"即可。

b. 经营期现金流出量。经营期现金流出量包括"动车融资租赁支出"和"动车融资租赁保证金支出"两部分,相关的计算见"计算表3:融资租赁现金流计算表"的相应项目。数据直接从相应单元格中取数即可获得。所以在经营期第1年的单元格C45、C46、C47中分别输入公式"＝C46＋C47""＝C63""＝

C57",然后用填充柄完成这几项数据后续年度的相关计算。

（5）计算当期净现金流量。计算公式为：

净现金流 = 经营活动净现金流 + 筹资活动净现金流 + 投资活动净现金流

所以在 B48 单元格输入公式"=B32+B37+B43"，然后用填充柄完成后续年度的相关计算。

（6）计算每期需要补贴的现金或追加的投资。相关计算说明见"计算表 4：贷款还款计划表"中"需要补贴的现金或追加的投资"的相关说明和计算过程。数据直接从相应单元格中取数即可获得。所以在 B49 单元格输入公式"=B74"，然后用填充柄完成后续年度的相关计算。

（7）计算期末现金流存量。相关计算说明见"计算表 4：贷款还款计划表"中"归还贷款后现金余额"的相关说明和计算过程。数据直接从相应单元格中取数即可获得。所以在 B50 单元格输入公式"=B77"，然后用填充柄完成后续年度的相关计算。

（8）计算各期尚未归还的贷款。相关计算说明见"计算 4：贷款还款计划表"中"未偿还贷款本金"的相关说明和计算过程。数据直接从相应单元格中取数即可获得。所以在 B51 单元格输入公式"=B71"，然后用填充柄完成后续年度的相关计算。

（四）计算融资租赁现金流计算表

（1）为方便使用，仍然在工作簿"计算表"中设计融资租赁现金流计算表，如图 7.3.4 所示。

53 计算表3：融资租赁现金流量计算表													
54		建设期	第1年	第2年	第3年	第4年	第5年	第6年	第7年	第8年	第9年	第10年	第11年	第12年
55		0	1	2	3	4	5	6	7	8	9	10	11	12
56 一、车辆投资金额													
57 二、支付保证金													
58 三、收回保证金													
59 四、融资租赁利息合计													
60 1.融资租赁利息（租赁9.6亿动车）													
61 2.融资租赁利息（追加租赁0.8亿动车）													
62 3.融资租赁利息（追加租赁4.0亿动车）													
63 五、融资租赁支出合计													
64 1.融资租赁支出（租赁9.6亿动车）													
65 2.融资租赁支出（追加租赁0.8亿动车）													
66 3.融资租赁支出（追加租赁4.0亿动车）													

图 7.3.4　融资租赁现金流量计算表

（2）计算车辆投资金额。根据项目计划，运营初期动车组投资 9.6 亿元，随着客流的增加，动车组需要追加投资，第 9 年需要追加到 11.6 亿元，第 19 年需要追加到 15.6 亿元。根据这个计划，各年车辆投资金额的金额就等于"基础数据"工作簿中的对应数据。所以，对于第 1 年到第 8 年，可在单元格 C56:I56 中输入公式"＝基础数据！＄B＄19"，后续年度采用相似处理即可。

（3）计算支付的保证金。根据项目计划，每批次租赁需要支付车辆投资金额的 20％作为保证金，每批次的租赁期限为 8 年，车辆的实用年限为 16 年。因此，可根据上面各期的车辆投资金额计算每批次租赁期期初需要支付的保证金数量。具体情况为：第 1 期需要在期初支付车辆投资额 9.6 亿的 20％，即 19 200 万元作为保证金；到第 9 年需要追加车辆投资到 11.6 亿元，则在第 9 年期初需要相应追加 4 000 万元的保证金；第 16 年年底，第 1 期 9.6 亿的车辆寿命到期，需要重新租赁，则相应需要再支付 19 200 万元的保证金，类似地，第 24 年年底需要再支付 4 000 万元的保证金；另外，第 19 年需要追加车辆投资到 15.6 亿元，所以需要增加相应支付保证金 8 000 万元。按照上述分析，将相应数据填入相应的单元格即可。

（4）计算收回的保证金。由于租赁期限为 8 年，所以收回的保证金就等于 8 年前支付的保证金，根据这一关系，可在 J58 单元格输入公式"＝B57"，然后使用填充柄拖曳到最后一期即可。

（5）计算融资租赁利息。融资租赁的利息采用等额本息的付息方法，可使用函数"IPMT（ ）"计算各期融资租赁的利息。由于融资租赁的期限为 8 年，但车辆的使用寿命为 16 年，所以每一批租赁一次后，要过 16 年后再次租赁。根据上述分析，融资租赁利息（租赁 9.6 亿动车）第 1～8 年的计算公式为"＝IPMT（基础数据！＄B＄16，C＄55，基础数据！＄B＄17，－＄B＄57/ 0.2）"，将该公式输入单元格 C60:J60 即可。第 17～24 年只需要对应等于第 1～8 年的数据即可；类似地，可以计算"追加租赁 0.8 亿动车"和"追加租赁 4.0 亿动车"情况下的融资租赁利息。

（6）计算融资租赁支出。融资租赁支出是指融资租赁每期租金中扣除融资租赁利息的部分。在 Excel 中可直接使用函数"PPMT（ ）"计算各期融资租赁的利息。具体的计算方法与上述融资租赁利息的计算方法相似。

(五) 计算贷款还款情况

（1）为方便使用，仍然在工作簿"计算表"中设计贷款还款计划表，如图 7.3.5所示。

计算表4：贷款还款计划表													
68													
69		建设期	第1年	第2年	第3年	第4年	第5年	第6年	第7年	第8年	第9年	第10年	第11年	第12年
70		0	1	2	3	4	5	6	7	8	9	10	11	12
71	未偿还贷款本金													
72	支付贷款利息													
73	未归还贷款前当年现金净流量													
74	需要补偿的现金或追加的投资													
75	归还贷款前的累计现金余额													
76	结余现金归还贷款													
77	归还贷款后现金余额													

图 7.3.5 贷款还款计划表

（2）计算未偿还贷款本金。

① 初始未偿还贷款本金。本案例中按照投资资金中股权资本和债务资本各占一半的标准安排贷款，投资总额就是现金流量预测表中"投资活动现金流"中"现金流出量"的初始数据。所以：

$$初始的贷款金额 = 建设期投资活动现金流出量 \times 50\%$$

所以在 B71 单元格输入公式"＝B45 * 0.5"即可得到初始的未偿还贷款本金金额。

② 经营期未偿还贷款本金。本案例采取的贷款归还方式为"分期付息，并按照现金流结余情况及时偿还本金"，相应公式为：

$$未偿还贷款本金 = 上年末未偿还本金 - 当年结余现金归还贷款$$

所以在 C71 单元格输入公式"＝B71－B76"，然后用填充柄完成后续年度的相关计算。

（3）计算支付贷款利息。每期支付贷款利息＝上期末尚未偿还贷款本金 ×贷款利率，所以在 C72 单元格输入公式"＝C71 * 基础数据！＄B＄14"，然后用填充柄完成后续年度的相关计算。

（4）计算未归还贷款前当年现金净流量。根据"计算表 2：现金流量预测表"，有以下关系：

$$\begin{matrix}\text{未归还贷款前} \\ \text{现金净流量}\end{matrix} = \begin{matrix}\text{经营活动净} \\ \text{现金流量}\end{matrix} + \left(\begin{matrix}\text{筹资活动} \\ \text{现金流入量}\end{matrix} - \begin{matrix}\text{动车融资} \\ \text{租赁利息}\end{matrix} - \begin{matrix}\text{银行贷款} \\ \text{利息}\end{matrix}\right) + \begin{matrix}\text{投资活动} \\ \text{现金流}\end{matrix}$$

所以在 C73 单元格输入公式"＝C32＋C38－C40－C72＋C43",然后用填充柄完成后续年度的相关计算。

（5）计算需要补贴的现金或追加的投资。当某期的净现金流小于 0 时,现金缺口只能通过外部补足,本案例假设现金缺口均由政府补贴予以补足。当项目净现金流大于 0 时,政府不再补贴。所以可以通过"IF"函数判断"未归还贷款前当年现金净流量"是否大于 0 来计算确定需要补贴的金额。所以在 C74 单元格输入公式"＝IF(C73＜0,－C73,0)",然后用填充柄完成后续年度的相关计算。

（6）计算归还贷款前的累计现金余额。本项目计算政府补贴后可用于归还贷款的现金余额。计算公式为：

$$\begin{matrix}\text{当年归还贷款前} \\ \text{的累计现金余额}\end{matrix} = \begin{matrix}\text{上年归还贷款前} \\ \text{的累计现金余额}\end{matrix} + \begin{matrix}\text{当年未归还贷款} \\ \text{前现金净流量}\end{matrix}$$

所以在 C75 单元格输入公式"＝IF(C74＝0,B77＋C73,0)",然后用填充柄完成后续年度的相关计算。这里用 IF 函数的作用是判断如果政府正好补贴了项目的现金流缺口,则不存在结余的现金流,所以政府补贴后可用于归还贷款的现金余额为 0。

（7）计算结余现金归还贷款金额。本案例采取的贷款归还方式为"分期付息,并按照现金流结余情况及时偿还本金",具体规则为当年归还贷款前的累计现金余额超过 1 亿元的部分均用来归还贷款本金。根据这个规则,可先使用"IF( )"函数确定当年归还贷款前的累计现金余额,如果超过部分就取 1 亿的整数倍数作为归还金额。具体计算过程为:在单元格 C76 中输入公式"＝IF(C75＜C71,IF(C75＜＝10 000,0,ROUNDDOWN(C75/10 000,0)＊10 000),C71)",然后用填充柄完成后续年度的相关计算。

（8）计算归还贷款后现金余额。归还贷款后现金余额＝归还贷款前的累计现金余额－结余现金归还贷款金额,所以在单元格 C77 中输入公式"＝C75－C76",然后用填充柄完成后续年度的相关计算。

(六) 财务可行性评价

项目财务可行性评价的常用方法有净现值法、获利指数法和内含报酬率法。在这些决策方法中均需要确定一个重要的指标——投资人要求的必要报酬率,该指标的确定相对较为复杂,为简化起见,本案例不再探讨该指标的确定,只是演示相应的建模方法。由于计算内含报酬率的过程并不需要用到必要报酬率,所以本案例就用内含报酬率方法演示财务可行性的建模方法。

由于铁路项目属于基础设施建设项目,政府通常都会给予一定的优惠或是补贴,为此假设 3 种情况进行分析。第一种情况,政府不予补贴;第二种情况,政府仅对运营初期项目短缺的现金流量予以补贴;第三种情况,政府将土地划拨于项目的运营公司,由项目自身开发和利用,将开发收入计入项目的其他业务收入。此方案需要将项目自身土地开发的收入补贴项目的运营,即将开发土地产生的收入每年约为 17 000 万元,等额补偿本项目。

具体操作步骤如下:

(1) 为方便使用,仍然在工作簿"计算表"中设计财务可行性评价——内部收益率计算表,如图 7.3.6 所示。

A	B	C	D	E	F	G	H
79 计算表5:财务可行性评价——内部收益率计算							
80	IRR	建设期	第1年	第2年	第3年	第4年	第5年
81 政府不补贴							
82 政府补贴情况下							
83 收入补贴情况下							

图 7.3.6　财务可行性评价计算表

(2) 在 C81、C82、C83 这 3 个单元格中均输入公式"＝计算表! B43",得到项目的初始投资现金流。

(3) 对于第一种情况,政府不予补贴,所以每期的现金流量就是项目自身的现金流量,为项目的当期现金流量与筹资活动现金流出量之和(根据折现类决策方法的原理,资本成本相关的现金流量不计入决策用现金流量),因此在 D81 单元格输入公式"＝C48＋C39",得到第 1 年的决策用现金流量,用填充柄将公式复制到以后年份,得到后续年份的决策用现金流量。

(4) 对于第二种情况,政府仅补贴项目初期发生的现金流缺口,所以因此在 D82 单元格输入公式"=D81+D49",得到第 1 年的决策用现金流量,用填充柄将公式复制到以后年份,得到后续年份的决策用现金流量。

(5) 对于第三种情况,每年可增加开发土地产生的收入约 17 000 万元,因此在 D83 单元格输入公式"=D81+17 000",得到第 1 年的决策用现金流量,用填充柄将公式复制到以后年份,得到后续年份的决策用现金流量。

(6) 在 B81 单元格中输入计算内含报酬率的公式"=IRR(C81:AD81)",得到第一种情况的内含报酬率;用填充柄复制公式到 B82、B83 单元格,得到第二种和第三种情况的内含报酬率。

内含报酬率计算的情况如图 7.3.7 所示。从计算的结果来看,该项目在 3 种情况下的内含报酬率分别达到了 3.97%、4.08% 和 5.74%。决策者可以将项目的内含报酬率与项目要求的必要报酬率进行比较,如果项目的内含报酬率大于或等于项目要求的必要报酬率,项目在财务上就可行;反之,则不可行。

79	计算表5:财务可行性评价——内部收益率计算							
80		IRR	建设期	第1年	第2年	第3年	第4年	第5年
81	政府不补贴	3.97%	-1123200	27854	32426	37704	43793	46348
82	政府补贴情况下	4.08%	-1123200	39339	37839	37704	43793	46348
83	收入补贴情况下	5.74%	-1123200	44854	49426	54704	60793	63348

图 7.3.7　内部收益率计算结果

(七) 敏感性分析

上述财务可行性评价模型只是在上述特定的运价和运量水平下对一个投资项目进行财务可行性评价,但是现实中运价和运量水平都可能有所变动,这些变动会对项目的内含报酬率产生怎样的影响呢? 这个问题可以利用模拟运算表进行分析解答。下面以第一种情况,即政府不予补贴的情况为例说明相应的建模方法。

具体操作步骤如下:

(1) 建立模拟运算表"计算表 6:敏感性分析(政府不补贴)——运价、运量对 IRR 的影响"。

（2）在 D87:J87 的各个单元格中依次输入运量的变化率,利用这些变化率在 D88:J88 的各个单元格中计算出各个变化率下的运量数额;类似地,在 B89:B95 的各个单元格中依次输入运价的变化率,利用这些变化率在 C89:C95 的各个单元格中计算出各个变化率下的运价数额。

（3）在 C88 单元格中输入公式"＝B81"。

（4）选中 C88:J95,在"数据"选项卡"预测组"的数据工具组中单击"模拟分析",然后单击"模拟运算表"。在"输入引用行的单元格"框中键入 B7,在"输入引用列的单元格"框中键入 B3,点击"确定"即可完成模拟运算表的运算。模拟运算的结果如图 7.3.8 所示。

					运量				
	IRR		−15%	−10%	−5%	0%	5%	10%	15%
		4.18%	84538	89510	94483	99456	104429	109402	114374
	−15%	0.29	1.87%	2.21%	2.49%	2.80%	3.09%	3.37%	3.64%
	−10%	0.31	2.32%	2.66%	2.98%	3.29%	3.59%	3.88%	4.16%
	−5%	0.32	2.77%	3.08%	3.41%	3.73%	4.04%	4.37%	4.66%
运价	0%	0.34	3.16%	3.51%	3.85%	4.18%	4.50%	4.80%	5.13%
	5%	0.36	3.56%	3.92%	4.27%	4.61%	4.93%	5.28%	5.57%
	10%	0.37	3.95%	4.32%	4.67%	5.02%	5.34%	5.70%	6.00%
	15%	0.39	4.32%	4.69%	5.06%	5.40%	5.78%	6.10%	6.24%

计算表6:敏感性分析（政府不补贴）——运价、运量对IRR的影响

图 7.3.8　敏感性分析——模拟运算表

显然,通过该模拟运算表表格中的结果就可以看出在运量和运价发生变化时项目的内含报酬率会发生怎样的改变,从而对项目的风险程度有所把握。

五、实验结论

对于像建设项目投资决策这样复杂的财务决策问题,需要综合应用多种工具和方法。在本例中,用到了多个函数、组合框控件、模拟运算表等多种技巧和工具,解决了建模所需的各种问题。另外,复杂决策问题对于对财务决策理论知识的要求是很高的,只有熟练掌握财务决策的相关原理,才能够归纳出决策的思路,掌握数据之间的逻辑关系,并最终利用 Excel 的相关功能实现建模的过程,这在本案例中体现得十分突出。因此,对理论的准确理解和对 Excel 软件的熟练掌握是完成财务建模不可或缺的两个方面。

下　篇

财务建模实验练习

第8章

Excel 概述实验练习

实验 8.1　数据的输入

一、实验目的

1. 掌握手工输入数据的常用技巧（如有规律数据的自动生成、单元格格式、有效性、条件格式等）；

2. 掌握从网页获取数据的方法。

二、实验要求

1. 将工作簿命名为"8.1.1"，按下述要求在该工作簿中完成表 8.1.1 所示的计算表格。

表 8.1.1　产品销售情况表

项目	数量	单价	销售额	销售额贡献率
产品 1	5	50		
产品 2	6	45		
产品 3	3	55		
产品 4	4	35		

（续表）

项目	数量	单价	销售额	销售额贡献率
产品5	5	40		
产品6	3	50		
合计				

注：某产品销售额贡献率＝某产品销售额÷所有产品销售总额

（1）"项目"一列的"产品1"至"产品6"用填充柄完成。

（2）"销售额贡献率"一列的格式设置为百分比格式，保留两位小数。

（3）对"销售额贡献率"一列的单元格设置条件格式，要求销售额贡献率大于20％的单元格的数字显示为红色字体。

2．打开网页http://data.eastmoney.com/bbsj/201112/yjbb.html（东方财富网最新年报数据），导入年报数据到Excel工作簿。对"股票代码"列的单元格设置格式，要求显示为"000000"六位代码格式。

实验 8.2　数据的处理

一、实验目的

1．掌握对数据进行排序的方法和技巧；

2．掌握对数据的"自动筛选"和"高级筛选"的方法；

3．掌握对单元格、单元格区域和常量命名的方法。

二、实验要求

1．利用实验8.1中的"8.1.2"工作表导入的数据，完成下述操作：

（1）利用"排序"按钮，将各股票按股票序号从小到大排列。

（2）利用"排序"命令，将"每股收益"作为"主要关键字"按降序排列，将"每股净资产"作为"次要关键字"按降序排列。

（3）使用"自动筛选"功能，筛选出每股收益大于 0.05 元的股票。

（4）使用"高级筛选"功能，筛选出每股收益大于 0.10 元并且净资产收益率大于 8% 的股票；

2. 利用实验 8.1 中"表 8.2.1"的数据，完成下述操作：

表 8.2.1　产品销售情况表

项目	数量	单价	销售额	销项增值税
产品 1	5	50		
产品 2	6	45		
产品 3	3	55		
产品 4	4	35		
产品 5	5	40		
产品 6	3	50		
合 计				

注：某产品销项增值税＝某产品销售额×增值税税率

（1）将各列的名称制定为第一行，并定义常量"增值税税率"的值为 0.17。

（2）然后利用公式"销售额＝数量 * 单价""增值税（销项）＝销售额 * 增值税税率"分别计算"销售额"和"增值税（销项）"的数额。

实验 8.3　Excel 分析工具

一、实验目的

1. 掌握方案管理器的使用方法；

2. 掌握模拟运算表的使用方法；

3. 掌握单变量求解的使用方法。

二、实验要求

利用"表8.3.1"的数据,完成下述操作:

表8.3.1 方案管理器应用

项目	内容
市场状况	一般
投资	5 000.00
项目年限	5
年现金流量	1 600.00
贴现率	8％
NPV	￥1 388

(1)输入表8.1.2中的数据,其中NPV的值利用公式计算获得。

(2)根据表8.3.2中各方案的数据,利用"方案管理器"建立3种方案。

表8.3.2 方案摘要

	繁荣	一般	不景气
年现金流量	2 000.00	1 600.00	1 200.00
贴现率	10％	8％	6％

(3)利用"模拟运算表"完成年现金流量分别为1 000、1 200、1 400、1 600、1 800、2 000,贴现率分别为2％、4％、6％、8％、10％的敏感性分析表。

(4)利用"单变量求解"求解出投资额为5 000,项目年限为5年,贴现率为10％时,若想获得8 000的NPV,年现金流量应为多少。

第 9 章

投资决策实验练习

实验 9.1　货币时间价值

一、实验目的

1. 掌握使用 PV、FV 函数实现终值与现值之间的相互转换；
2. 掌握使用 PV、FV 函数实现年金求终值或求现值。

二、实验要求

根据表 9.1.1 中的数据，利用相关函数完成空白单元格中数值的计算。

表 9.1.1　货币时间价值的计算

情况	年利率	总投资期	每期付款额	终值	支付时间	现值
情况 1	10%	5	−600		期末	
情况 2	7%	5	0		期末	1 895.39
情况 3	10%		−500		期末	1 895.39
情况 4		5	−500		期初	2 000

实验 9.2　固定资产投资决策

一、实验目的

1. 熟悉固定资产投资决策过程；

2. 掌握投资回收期的计算方法；

3. 掌握使用 NPV 函数和 IF 函数。

二、实验要求

1. 某项目初始投资 130 万元，预计今后 1～6 年的现金流量情况如表 9.2.1所示，请选用恰当的方法计算出该项目的投资回收期。

表 9.2.1　项目现金流量表

年　份	0	1	2	3	4	5	6
各年份的现金流量	−150	20	30	38	48	45	25

2. 根据表 9.2.2 中的资料，利用净现值法对是否应该更新设备作出决策，其中是否更新的结论利用 IF 函数完成。

表 9.2.2　新旧设备基本情况

项目	旧设备	新设备
设备原值	40 000	60 000
预计使用年限	10	5
已使用年限	5	0
残值	0	10 000
折旧方法	直线法	年数总和法
年销售收入	50 000	80 000
年付现成本	30 000	45 000

（续表）

项目	旧设备	新设备
到期残值变现收入	0	11 000
设备现在变现收入	30 000	60 000
资金成本	10%	10%
所得税率	25%	25%

实验 9.3　投资风险分析

一、实验目的

1. 掌握风险衡量指标 ——标准离差率的计算方法；
2. 掌握资本投资风险决策的计算方法。

二、实验要求

根据表 9.3.1 中的资料，利用相关公式完成表 9.3.2 的计算。

表 9.3.1　各风险投资方案基本情况

t 期数	方案 1		方案 2		方案 3	
	现金流量 CFAT	概率 Pi	现金流量 CFAT	概率 Pi	现金流量 CFAT	概率 Pi
0	5 000		2 000		2 000	
	3 000	0.25				
1	2 000	0.5				
	1 000	0.25				
	4 000	0.2				
2	3 000	0.6				

（续表）

t 期数	方案 1		方案 2		方案 3	
	现金流量 CFAT	概率 Pi	现金流量 CFAT	概率 Pi	现金流量 CFAT	概率 Pi
	2 000	0.2				
	2 500	0.3	2 000	0.2	3 000	0.1
3	2 000	0.4	4 000	0.6	4 000	0.8
	1 500	0.3	6 000	0.2	5 000	0.1

表 9.3.2　各方案风险程度及净现值计算

t 期数	方案 1		方案 3		方案 2	
	现金流量期望值 E	标准离差 d	现金流量期望值 E	标准离差 d	现金流量期望值 E	标准离差 d
1						
2						
3						
计算项目	期望现值 EPV		期望现值 EPV		期望现值 EPV	
	综合标准差 D		综合标准差 D		综合标准差 D	
	风险程度 Q		风险程度 Q		风险程度 Q	
	调整风险贴现率 K		调整风险贴现率 K		调整风险贴现率 K	
	净现值 NPV		净现值 NPV		净现值 NPV	

第10章

证券评价实验练习

实验 10.1　债　券　评　价

一、实验目的

1. 掌握使用 PV、NPV 函数计算债券价值的方法；

2. 掌握使用 IRR、RATE 函数计算债券的收益率。

二、实验要求

公司拟发行企业债券，发行条件为：债券面值为 1 000 元，每年的票面利率为 10％，年到期收益率为 12％，每年付息 2 次，到期前共付息 8 次。利用表10.1.1完成下述工作：

（1）分别用公式和 PV 函数两种方法测算该企业债券的发行价格。

（2）利用"窗体"中的"微调项"将"市场年利率"之值设定为 5％～25％可调节，考察市场利率变化对发行价格的影响。

（3）若投资人以 850 元的价格购入此债券，请分别用 IRR 函数和 RATE 函数计算投资该债券的收益率。

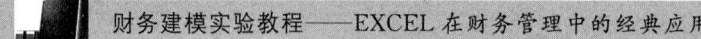
表 10.1.1　债券价值计算表

一、输入值							
期限(年)	4						
年票面利率	10%						
市场年利率	12%	12					
每年付息次数	2						
付息总次数	8						
面值	1 000						

二、债券估价

1. 利用现金流量计算债券价格

期数	1	2	3	4	5	6	7	8
时间(年)								
现金流								
现金流的现值								
债券价格								

2. 利用 PV 函数计算债券价格

债券价格	

三、利用 IRR 和 RATE 函数计算债券投资的收益率

1. 利用 IRR 函数	
2. 利用 RATE 函数	

实验 10.2　股票评价

一、实验目的

掌握使用 Gordon 模型计算股票价值的方法。

二、实验要求

某公司投资必要报酬率为 10％，每股股利为 5.12 元。预计未来 5 年的真实权益净利率分别为 19％、17％、15％、13％、11％，从第六年开始持续稳定在 9％的水平。公司政策规定每年保留 60％的收入，将其余的作为股息发放。预计未来的通货膨胀率为每年 2％。请参照表 10.2.1 建立模型估计该公司股票的内在价值。

表 10.2.1 股票价值计算表

项目	历史数据	第一期					第二期
期数	0	1	2	3	4	5	6
通货膨胀率							
真实权益净利率							
名义权益净利率							
实际股利增长率							
名义股利增长率							
每股股利							
每股的延续价值							
每股股利与每股延续价值之和							
每股股利与每股延续价值之和的现值							
股票的价值							

第11章

筹资决策实验练习

实验 11.1　负 债 筹 资

一、实验目的

1. 掌握利用 Excel 表格计算长期借款的每年偿还额、偿还的利息和本金；
2. 掌握 PMT、PPMT、IPMT 函数的使用。

二、实验要求

大运公司向银行借入长期借款 200 万元，借款期限 5 年，年利率 8%，还款方式有等额本息法和等额本金法两种，请根据相应还款原理，利用 PMT、PPMT、IPMT 函数完成表 11.1.1 和表 11.1.2 的计算工作。

表 11.1.1　等额本息法还款计算表

年次	还款额	偿还本金	偿还利息	剩余本金
1				
2				
3				

（续表）

年次	还款额	偿还本金	偿还利息	剩余本金
4				
5				
合计				

表 11.1.2　等额本金法还款计算表

年次	还款额	偿还本金	偿还利息	剩余本金
1				
2				
3				
4				
5				
合计				

实验 11.2　租赁筹资

一、实验目的

掌握利用组合框等窗体控件对租赁筹资决策进行分析。

二、实验要求

1. 同业公司需要租入 7 个设备，租赁公司要求的租金总额和支付方式要求如表 11.2.1 所示，租赁公司要求的收益率预计在 10％～20％之间，每年的租金支付次数为 1～4 次。试参照表 11.2.2 建立一个能够方便计算各个设备在租赁公司不同收益率要求和不同每年租金支付次数情况下相应的每期租金

金额的模型。

表 11.2.1　设备租赁基本情况表

租赁方案	设备名称	租金总额	支付方法
方案 1	X—100	2 500 000	先付
方案 2	X—400	2 300 000	先付
方案 3	TX—100	2 100 000	先付
方案 4	TX—300	20 000	后付
方案 5	TX—500	10 000	后付
方案 6	XR—100	1 000 000	先付
方案 7	TX—460	1 500 000	先付

表 11.2.2　每期租金计算表

项目	内容	备注
租赁设备名称		可选择
租金		随设备变化
支付租金方法		随设备变化
每年付款次数		1－4 可调
租赁年利率		10%～20%可调
租赁年限		5～20 年可调
总付款次数		
每次应付租金		

2. 强华公司准备筹资购置一台设备，需 300 000 元，使用年限 10 年，直线法折旧，报废后无残值，所得税税率 25%。公司面临两种选择：

方案一：举债筹资。银行借款 300 000 元，利率 8%，10 年内以等额偿还方式偿付，10 年后报废。

方案二：租赁筹资。租赁公司按 290 000 元现值价格租赁给强华公司设备,10年内摊销,要得到9%资金收益率,出租人维修设备,强华公司不支付附加费用,租金是在期初支付。

要求:按照表11.2.3和表11.2.4进行相关测算,通过模型计算,对两种方案进行比较分析。

表 11.2.3　举债筹资现金流分析表

年	还款额	偿还本金	偿还利息	折 旧	税款节约额	净现金流量	现值
1							
2							
3							
4							
5							
6							
7							
8							
9							
10							
合计							

表 11.2.4　租赁筹资现金流分析表

年份	租金支付	税款节约额	租赁净现金流量	现值
1				
2				
3				
4				
5				
6				

（续表）

年份	租金支付	税款节约额	租赁净现金流量	现值
7				
8				
9				
10				
合计				

实验 11.3　筹资方案比选

一、实验目的

掌握通过企业价值分析确定筹资方案的方法。

二、实验要求

某企业目前资本全部为普通股，股票账面价值 1 000 万元。预计公司每年的息税前利润为 230 万元，并且保持不变。假设公司的净利润全部用于股利分配，股利增长率为 0。企业现拟通过发行债券赎回普通股的方式调整资本结构。不同债券发行规模下，债券的利率和普通股的 β 系数如表 11.3.1 所示，债务的市场价值等于债券的发行价格。试按照表 11.3.2 计算不同方案下企业的价值和加权平均资金成本，并作出最优方案决策。

表 11.3.1　不同债务规模下的债务利率和普通股 β 系数及其他资料

方案	债务 B(万元)	债务利率(%)	普通股 β 值	其他资料	数额
1	0	0%	1.2	息税前利润	230
2	100	7%	1.3	所得税税率	25%

（续表）

方案	债务 B(万元)	债务利率(%)	普通股 β 值	其他资料	数额
3	200	8%	1.35	无风险报酬率	7%
4	300	9%	1.4	股票平均必要报酬率	12%
5	400	10%	1.45		
6	500	11%	1.5		
7	600	12%	1.6		

表 11.3.2 公司价值和综合资本成本计算表

方案	债券价值（万元）	债券成本（税前,%)	股票成本（%)	股权价值（万元）	公司价值（万元）	加权平均资金成本（%)
1	0					
2	100					
3	200					
4	300					
5	400					
6	500					
7	600					
公司最大价值			对应方案			
最小综合资本成本			对应方案			

第12章

营运资金管理实验练习

实验 5.1　应收账款决策

一、实验目的

掌握利用 Excel 表格进行应收账款信用政策的综合决策分析。

二、实验要求

某企业原来的年销售额为 10 万元,企业的销售利润率为 20%,企业投资收益率为 15%。企业拟改变原来的赊销政策,现有 A、B 两个方案可供选择,原方案以及 A、B 两个方案的基本情况如表 12.1.1 所示。请设计一个模型对 A、B 两个方案进行比选。

表 12.1.1　企业赊销方案基本情况表

项目	原方案	方案 A	方案 B
销售额增减量	0	20 000	30 000
平均收账期	45	60	20
增减销售额的平均坏账损失率	6%	11%	10%
取得现金折扣的销售额占总销售额的百分比	0%	0%	50%
现金折扣率	0%	0%	2%

实验 12.2 存 货 决 策

一、实验目的

掌握利用公式求解和规划求解的方法确定存货的经济订货批量及总成本。

二、实验要求

1. 某企业对甲材料的全年需求量为 60 000 件,单价为每件 200 元,每次订货的变动订货成本为 3 000 元,每件产品的单位储存成本为 900 元。请按照表 12.2.1,分别利用经济订货量模型公式和规划求解工具两种方法计算企业甲产品的每批最佳订货量。

表 12.2.1 经济订货量计算表

计算方法	计算结果
直接计算模型	
经济订货量(套公式)	
规划求解模型	
经济订货量(规划求解)	
订货相关成本	

2. 某企业对乙材料的全年需求量为 4 000 件,经济订货量为 200 件,每次订货的变动订货成本为 20 元,每件产品的单位储存成本为 3 元,考虑到订货期,每次订货的提前准备量为 100 件,缺货成本为每件 4 元。该企业在订货期内乙材料的需求量概率分布如表 12.2.2 所示,请按照表 12.2.3,利用"规划求解"工具计算确定最佳保险储备量。

表 12.2.2　订货期内乙材料的需求量概率分布表

需求量	80	90	100	110	120	130	140
概率	0.01	0.04	0.2	0.5	0.2	0.04	0.01

表 12.2.3　最佳保险储备量计算表

保险储备量	
缺货量	
缺货成本	
保险储备储存成本	
总成本	

第 13 章

股利分配决策实验练习

实验 13.1　股利分配决策

一、实验目的

掌握利用 Excel 表格进行股利政策的选择；进一步掌握逻辑函数以及组合框的实际操作。

二、实验要求

某企业的资产负债情况和预计未来 5 年的税后利润及需要追加的资本性支出的情况如表 13.1.1 所示，企业未来可以选择的股利分配政策有剩余股利政策、固定股利政策和固定股利支付率政策，请按照表 13.1.2 实现不同股利支付政策下各个项目预测值的计算。

表 13.1.1　企业基本情况表

一、预计未来 5 年的税后利润和需要追加的资本性支出

年份	1	2	3	4	5
税后利润（万元）	100	300	180	220	230
资本支出（万元）	300	200	300	200	150

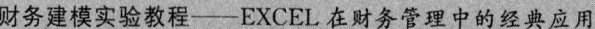

（续表）

二、基本情况

目前每股股利(元)	1	资产(万元)	200
资产负债率上限	30%	负债(万元)	0
每股面值(元)	1	所有者权益(万元)	200
增发预计发行价格(元)	2	股本(万元)	100
股利支付率	50%	普通股股数(万股)	100
		资本公积(万元)	50
		留存收益(万元)	50

表 13.1.2　不同股利政策下企业主要指标预测情况表

选择的股利政策：						
年份	0	1	2	3	4	5
税后利润(万元)						
需要资本支出(万元)						
股利(万元)						
资产(万元)						
负债(万元)						
所有者权益(万元)						
股本(万元)						
普通股股数(万股)						
资本公积(万元)						
留存收益(万元)						
内部筹资:留存收益补充资金(万元)						
外部筹资:总额(万元)						
长期借款(万元)						
增发股权资金(万元)						
增发股数(万股)						

（本题选自王媚莎:《财务管理实验》,经济科学出版社 2012 年版,实验十七。）

实验 13.2　利 润 规 划

一、实验目的

1. 掌握利润分配的顺序；
2. 掌握结合投资需要和股利分配需要进行利润规划的方法。

二、实验要求

某公司今年年底的资产总额为 15 000 万元，目前的资本结构为长期负债占 70%，所有者权益占 30%，没有需要付息的流动负债。企业的普通股为 6 000 万股。该公司的所得税税率为 25%。预计继续增加长期债务不会改变目前的 11% 的平均利率水平。

董事会在讨论明年资金安排时提出：

（1）公司实行固定股利支付率（30%）的股利分配政策，计划明年年末分配现金股利不低于 0.15 元/股。

（2）计划明年全年为新的投资项目共筹集 4 000 万元的现金。

（3）计划明年仍维持目前的资本结构，并且计划年度新增自有资金以计划年度实现的利润扣除支付的股利后提供，所需新增负债资金从长期负债中解决。

请测算该公司要实现董事会上述要求明年所需实现的最少息税前利润。

参 考 文 献

1. 王媚莎.财务管理实验[M].北京:经济科学出版社,2012.

2. 陈玉菁,等.财务管理实验及 Excel 应用指导[M].北京:清华大学出版社,2012.

3. 庄君,张凌云.Excel 财务管理与应用[M].北京:机械工业出版社,2009.

4. [美]格莱葛·W.霍顿.财务管理以 Excel 为工具[M].谢岚,林润华,何雪艳译.北京:机械工业出版社,2010.

5. [美]西蒙·本尼卡(Simon Benninga).基于 Excel 的金融学原理(第 2 版)[M].金永红,陆星忠,郭建邦,等译.北京:中国人民大学出版社,2014.